活 / EASY LIFE ①

『绿茶禅』

单又美好的东方乐活智慧重逢

〔美〕栢木利美 著

〔日〕松冈美幸 插画创作

苏西 译

Living

A Japan-Inspired Guide to Eco-friendly Habits, Health and Happiness.

Tea

ZHEJIANG UNIVERSITY PRESS
浙江大学出版社

生活 "绿茶禅"

Green Tea Living

A Japan-Inspired Guide to

Eco-friendly Habits,

Health,

and Happiness.

目录

目录

目录

目录

前言
我的"绿茶梦"

"如果你有梦想，大胆去追吧。你的梦能实现，也肯定会实现的。"

你相信这种说法吗？

下面我要讲的这个故事，就是我梦想成真的历程，这真是一条漫长的路途啊。

1989 年，我跟美国丈夫萨姆带着两个年幼的儿子从日本回到美国。当时萨姆已经在日本住了 11 年，我们结婚也有 8 年了。全家搬回加利福尼亚州之后，他回到学校去读研究生。

我们艰难地把孩子带大，日子也过得十分拮据。

"等他拿到硕士学位，我就能住上漂亮的美国大房子了。"我梦想着。

可毕业之后，萨姆的健康却莫名其妙地出了问题。他患上了心脏病、皮肤癌、白血病、肺炎，两个髋关节都换掉了，还

有严重的腰痛。他也因此先后入院 7 次。

我们的生活也因此变得困难重重，样样事情都变得更加艰难。他的病痛一个接着一个，每一个都比之前的更严重。

最终，萨姆因病危被送进了加护病房。他的身体状况一团糟。

当然，每一次病痛也都影响着全家的财务状况和心情。

除了多灾多难的健康问题，租房问题更是使我们的生活雪上加霜，让我们没法安稳过日子。我们运气不好，总是碰上食言的房东。我们在两年之内搬了三次家，因为租下的每幢房子都很快被房东卖掉了。"别担心，几年之内我是不会卖房的。"每个房东都这么说。我们觉得自己真傻啊，竟会轻信他们。

带着年幼的孩子如此频繁地搬家，我们俩都快疯了。

还不仅如此，我们吃的东西也不对，甜食、汽水和淀粉类食物都吃得太多。家里每个人都很胖，儿子们和我变得圆鼓鼓的，萨姆也发了福。

憧憬

不要再生病了! 不要租房! 不要长胖! 不要紧巴巴地过日子!

现实是残酷的，可我心中始终向往着一个幸福又富足的未来。

问题在于——该怎么做？

我能做些什么？

我什么时候能买得起房子？

我们要做的第一件事，就是开始存钱。生活方式也必须改一改了。

我可不想为了存钱而变成吝啬鬼，因为我希望全家人能在加利福尼亚州过上高品质的生活——吃得健康，保持健美身材，带孩子们开开心心地出去玩。所以在日常生活中，我需要做出合理的改变，而且要循序渐进。

自打孩子们小时候起，我们就经常带他们出去野餐，或是去海边和山林玩耍。我们教导孩子们：要对大自然和土地存有感恩之心。

我带着做好的便当，用"风吕敷"包起来。"风吕敷"是一种很环保的包袱布，铺开来就能当野餐垫用。

儿子们在山野间、溪水边、浪花里奔跑嬉闹。这些简单的快乐是最珍贵的亲情时刻。

正是在全家外出郊游的时候，我想起了远在日本的祖母。

她懂得如何省钱，如何保持健康，如何保护自然并接受它的回馈，如何过环保的生活。

　　日本的生活经验和古老传统，将在我们这个美国家庭里重焕生机。

生活中的"绿茶禅"

　　就在我们搬到加利福尼亚州的前几年，祖母以 94 岁的高龄辞世了。我们一直与她同住在她的大宅子里。她精神矍铄、心态平和，头脑也清楚极了，甚至能给我儿子念英文童书听。而且最重要的是，她一直非常健康，直至生命的最后一日，她的心脏才自然而然地停止了跳动。

　　渐渐地，我开始按照祖母的方式生活。水电、煤气、食品、清洁用品、衣物、化妆品……我在这些方面缩减开支，每个月能省下 300 美元。

　　传统的日式生活非常适合我们，帮我们还清了债务，还使我们保持着身体健康。家里的收入不算多，但我们把开销尽力控制好，最后还能有存款。11 年过去了，我们终于在山上买了一座房子，俯瞰着旧金山海湾（San Francisco Bay）。

　　在饮食方面，我们做出了许多改变——不喝咖啡，改喝绿茶；把面包换成糙米，牛奶改成豆浆；用豆腐替掉了牛排，用毛豆取代薯条，用水果取代糖果和甜食。我们多吃鱼，少吃肉。全家人都瘦了下来。

萨姆的身体好转了，他的胆固醇降了下来，血压也回到了正常水平。他也顺利地取得了硕士学位和实习医师执照，如今他在旧金山附近密尔布瑞（Millbrae）的一家私立诊所当心理医生。

我的大儿子尼克大学毕业后回了日本，在一家IT（信息技术）公司工作。如今他跟日本人一样，每天工作12小时。26岁时他成了公司最年轻的经理。他保持着传统的日式饮食习惯，身体非常健康，精力充沛。

小儿子朱利安也已长大成人，在加利福尼亚州做职业模特和私人教练。他严格控制着饮食，早上起来喝绿茶，几乎从来不喝咖啡。他吃的是糙米而非精米，而且每天都去健身中心锻炼身体。

至于我呢，我虽然热爱加利福尼亚州的美式生活，但仍在生活中奉行“绿茶禅”，保留着不少在日本时养成的习惯。我每天至少喝五杯绿茶；我把洗干净的衣物拿到外面晾晒；只要有可能，我就步行而不是开车。

我一直在为日本出版社写文章，但一直希望也能用英文写

本书。所以，这本书也算是实现了我的这个梦想吧。所有这些加在一起，我的"美国梦"差不多全成真啦。

从祖母的生活之道中我发现，无论是谁，只要你想有储蓄、想拥有健康的身体、想过上幸福又环保的生活，"绿茶禅"都会适合你。

"绿茶禅"能带你走上一条全新的生活道路，量入为出，活得自在又从容。

致谢

进入不惑之年后，我发现自己参加的葬礼次数多过了婚礼或其他庆典。显然，随着时间的流逝，我的人生正渐渐朝着新的目标铺展开来，我得书写全新的篇章了。

我不断问自己，下半辈子我想做什么？有一天，我上网搜索，想看看是否能找到我用日文写的书。结果发现，就在美国，还有其他几个国家，我的好几本书都能在大学和公立图书馆里找到。

我的心里乐开了花！

身为作者，这是多么满足！我曾梦想着，全世界的读者都能看到我的作品。我想跟大家分享更多，所以我决定要用英文写一本书，如今我做到了。

感谢我的先生萨姆·安拉姆（Sam Anram），感谢他带我来到美国。他帮我敞开心扉，拓宽眼界，看到了一个充满各种可能的世界。他诚挚的爱和支持引领我度过每一天。

还要感谢我的两个儿子，尼克（Nick）和朱利安（Julian），他俩鼓励我坚持写作，即便是在最艰难的日子里也让我不要放弃。

特别感谢我的祖母琉（Ryu）、母亲久良子（Kurako）和姐姐栢木纯子（Junko Kayaki），她们对日本传统生活方式的经验和知识是我的灵感之源，启发我将我们的生活之道与读者们分享。

我还要感谢我的人生教练弗农·约翰逊（Vernon Johnson），帮我坚定信念，不言放弃。

感谢朋友井深美智子（Michiko Ibuka）和裕子·福肯斯坦（Hiroko Falkenstein）在漫长的写作之路上支持我。

非常感谢出版社的彼得·古德曼（Peter Goodman）给予我出版此书的机会。他总是能迅速地给我反馈，就连深夜或清晨也不例外。每一句短短的评价和鼓励都帮助我保持正确的方向，直至全书完成。

请记得，我们东方人的茶味生活

吴 燕

看到这本书的名字，也许你会问："绿茶禅"是什么意思？

这也是我定下这个书名后，不断被周围同事、朋友刨根问底的事。（笑）大家也许听说过不少时下流行的禅修课程；可，"绿茶禅"又算哪门哪派啊？其实没那么玄乎。它只是对一种生活态度或生活方式的比喻而已。

那么，它代表了一种怎样的态度呢？既然将"绿茶"作为核心意象，就让我们先来说说茶吧。

无论读者是否热衷品茗，身为东方人，对茶至少不会陌生。每个人都能枚举词汇若干，概括茶给人带来的感觉：清雅、简约、自然、健康、富意境、留余韵……这种印象虽源自饮茶，但似乎又超越了杯盏的界限，成为普通人对生活之美的一种标准。毕竟，在中国人过日子的"开门七件事"中，唯有"茶"这一件，脱离了最基本的糊口之需，而关乎享受。

一百年前，日本近代知名美学家冈仓天心就在其著作《茶之书》[1]中写道："提到茶的哲学……这个词所传达的，是我们整套融合伦理与宗教的天人观：它要求卫生，坚持洁净；它在简朴中见自在，无需排场铺张；它帮我们的感知，界定了万物彼此间的分际，在这个意义上，它是一套修身养性的方圆规矩……"

这段描述，更加精辟地总结出我们东方人在世俗生活上追求的至臻境界：

——形式尽可能质朴、简化；

——从自我而非外物出发，提升对生活乃至生命的感知；

——讲究一种源自克制和敬畏心的美感体验。

读到这儿，也许一些读者已觉得我扯得太远，不耐烦起来。可以理解啊，彼时的生存状态和处世哲学，确实早已与我们当代东方人的生活渐行渐远了。随着百年来东西方文明的碰撞与融合，西方"现代化"的生活方式也理所当然地随着双方的商贸往来，落脚在中国社会。偶尔回忆起小时候（那是我们热爱的"80年代"）物资尚匮乏的旧光景，已觉得恍如隔世；而如今，物质生活条件早就丰富得不可思议，以至于大家即便

---

[1]冈仓天心:《茶之书》，谷意译，山东画报出版社2010年版。

看到一些极其直白的 "消费主义宣言"，也不再会感到任何讶异了。时下流行的，反倒是宣称自己在购物时患上所谓的 "选择恐惧症" 吧。

剧变如此，沧海桑田。那么，冈仓天心当年由衷赞美的那套 "茶的哲学"，在我们的生活中还能存在吗？

当年，旅居美国的冈仓天心为了扭转西方世界对东方文明的种种误解和偏见，特以英文写就文化读本《茶之书》。自 1906 年问世来，这本区区百余页的小册子竟风靡全球，被视为 20 世纪初西方了解东方的必读之一，还入选了美国中学课本。巧的是，一百年后，又有一位定居美国多年的日本女士，同样用英文写出一部小书，带着谦和而体贴的善意，与西方读者分享在她那遥远的东方老家，人们一直推崇和实践着的另一套生活哲学。这，就是栢木利美的《生活 "绿茶禅"》(*Green Tea Living*)。本书一经出版，也大受好评，仅在 2011 年内，就一举获选美国的国家级奖项——富兰克林图书奖之 "最佳自助类图书"；又在英国的伦敦图书节和绿色图书节上，两度赢得荣誉。

巧合也好，呼应也罢，这两本以 "茶" 为名的小书所受到的认可与欢迎，或许还是可以证明，人们对东方智慧抱有的那份惦念是古今相通、一脉相承的吧。

其实对于我们中国读者，书中收录的很多"东方生活智慧"，的确都是非常熟悉的，读来鲜有猎奇感。作者甚至会提醒你用热水泡脚、饭吃八成饱之类的小事——这还用你说？但转念想想，别说实践了，日常里还能记得这些小事的，又有几人呢？其实作者的本意也并不想以"精明巧妇"的面目示人，网罗各种"生活妙招"，并在操作层面加以"科学指点"。不，不，这位日本女士的笔触是那样的轻松愉悦、娓娓道来，就像邻里间的闲聊般，有一搭无一搭地与你提起些许有趣的老习惯和老方法，好像在温和地提醒读者："喂，记得吗？有时候，咱们的老办法也很好用啊。"所以我想，对于中国读者来说，或许这本小书更会唤起的是一种温暖的共鸣，和对回归简单生活的美好向往。

也许有人会说，这种所谓的"回归"，难道不是一种过于矫情的倒退思维吗？不可否认，无论我们如何提倡"回归"或"乐活"，大多数人在大多数情况下，都不可能无视和放弃现代化的生活条件，做回古人去。事实上，消费主义潮流恐怕早已在我们今天的生活中占据了上风。但扪心自问，现代化带来的高效率与消费主义衍生出的快感，就是我们今天在生活中唯一追求的目标吗？一味的消耗和索取，何时是个了结呢？

茶早已告诉我们答案。冈仓天心曾将我们东方人的茶道或"茶的哲学",形容为"隐而未显的美感"、"有所保留的表现",其高贵之处,就在于它是一种"领悟了自身缺陷的谦抑思想"。这恰可作为针对自我膨胀的物质主义的一句温和商榷。茶道所体现出的那种谦让与保留,正是我们东方人特有的生存智慧。

在《生活"绿茶禅"》中,有这样一段描述:"摩天大楼、高科技的轨道交通、能当信用卡用的手机、复杂电脑系统操控的智能家居,这一切早已融入了日本人的日常生活,可人们依旧坚持着某些旧式生活习惯,比如把内衣晾到室外……"这同我们中国人的习惯不也很像吗?生活水平的高度现代化,并不意味着要抛弃一切美好的传统,例如对大自然的谦卑与善意。无论是日本国民还是中国百姓,大家都依然喜欢户外晾衣带来的"阳光的味道",并视节约能源(不用电动烘干机)为善举。可见,冈仓天心所描述的那种"茶的哲学"、那种谦抑的思想,在某些时刻依然发挥着影响,为我们的日常生活浸染上一层"茶味"。

于是我想,栢木女士这部"绿茶禅"之于我们中国读者的意义,除了鼓励大家重新亲近、认可一些更适合东方人的老传统与好习惯,或许还能提醒我们偶尔停下来反思一下,急功近利的态度牺牲掉了什么，以及去体会怀着一颗茶味素心经营生活（哪怕只在生活中的某些方面略加实践），又能获得什么吧。

　　写这篇手记时，朋友相赠一罐手工酿制的桂花糖露。打开密封，一眼看到凝在琥珀般的糖浆里的粒粒桂花，我先是愣了一下——这种在南方的堂前屋后处处得见、混在尘土里铺满地面的平凡小物，怎就化作这雅香四溢的美味了呢？可能是我已经太习惯被工业制成品裹挟的生活，一时竟不知如何去欣赏这扑面而来的浑然天成和众妙必备。又听朋友说，这种糖露的制作工艺完全沿袭了明朝的古法，不做任何变化。于是，将调入糖露的酸奶送至舌尖，就算有幸享了几百年前的福气吧。老法之妙，妙不可言。

（2012 年 11 月　杭州）

慢慢过日子

雕刻时光咖啡及失物招领 Lost&Found 创办人

李若帆（猫总）

那一年的秋天，我们在北大旁边的胡同里，开了一家小咖啡馆。才 30 多平米，小小的空间里有我们热爱的一切——电影、书、音乐、咖啡和朋友，连店名也取自我们喜欢的导演的传记。前面是店面，后面就是家了。大学毕业、初入社会的生活，是以一家咖啡馆为起点的。每天的生活很简单——打扫、买菜、煮咖啡给自己喝、煮咖啡给客人喝、聊天、看电影、做蛋糕……写下来，自己都觉得是不是太悠闲了啊？我记得那时候，常常有时间去邻居家吃饭，去未名湖边散步，关心院子里的香椿还能吃几茬，种的薄荷长得好不好，跟朋友们聊得一高兴，新烤的玛芬吃得都不够卖了……那样的日子节奏舒缓，内心轻盈，并不是刻意美化，而是所求不多——回想起来，那竟是最美的一段时光，因为年轻和悠闲都如此宝贵。

一转眼，15 个秋天过去了。小咖啡馆有了团队，日益壮大，开出了几十家分店。我转而经营生活杂货，成立家具品牌也已有 8 年时间。不知是命运安排还是机会使然，就这么匆忙向前，停不下来了。曾经有很长一段时间，我过着晚睡和没有周末的生活，手机是 24 小时开机的，脑子里随时绷着一根弦，没办法放松。当压力达到顶点时，不但身体亮红灯、没效率可言，就连周边的人也会被我的焦躁连累。

　　直到某一次去台湾，见到有朋友辞去了广告公司的高薪职位，不紧不慢地经营起自己的小店，收旧货、做手工，有滋有味地过着日子。在她们所在的社区，有不少人是以这样的心态开着咖啡馆、杂货店、自行车铺……在那里，大家做事似乎更向内发力，细致而美。每一次去，会觉得变化不大，但在细小的地方总会添些新趣味。这是与我的生活节奏迥异的，却又似乎曾经感受过。我蓦然发现，是啊，那个在小咖啡馆里自得其乐的人哪儿去了？有多久没留意日常生活里的细小的欢乐？一朵花开，一杯清茶……我曾经是慢慢过日子的人啊，现在却快得要失去方向了。

　　因为工作，这几年常常接触陶艺家和创作者。要感受器具的美，心态必须慢下来，调动所有的感官和之前的生活经验，才能有所触动。所谓"触动"，就是我们与使用或观看对象之间的对话吧。在触摸木头、制做家具、与陶艺家喝茶时，常常

会感觉到这样的碰撞。一个在日常生活中拼命向前奔跑的人，心中是没有风景的，也感觉不到"美"的力量。

我们活着，需要行走在一条与周遭相连的路上。在路上感受风景，编织故事。如若只是一味向前奔跑，便会错过故事，人生因此而少了趣味、快乐，也许还有健康、爱心。

所幸我们还可以停下来，选择慢慢前行。

所以，我正学习慢下来，试着一点点回到 15 年前的"初心"。慢，不单是速度，也是多向度的细致感受。在衣食住行中，慢了，连心性都会改变。

栢木利美的这本《生活"绿茶禅"》，就是一本给人"慢能量"的书。作者按照祖母的生活方式去过日子，古老的日式传统和生活经验，帮她安然度过了生活的困难时期，并且自在从容地生活下去。书中有许多妙招，比如蛋清、蜂蜜、橄榄油都各有神奇的作用；而绿茶就更是神物，除了纤体和长寿，还能驻颜、防蛀牙、舒缓压力；想要放松身心，除了泡清酒浴，连凝视大自然的四季变化也可以哦（试试吧，多简单）。

你会发现，这本小书还像一把钥匙——只要用心，不起眼的琐碎生活中也藏着秘诀，我们都有机会找到"宝藏"。

（2012 年秋）

第一章

茶香轻逸每一天

引言

多年前，我先生染上了细菌性肺炎，住进了加利福尼亚州（以下简称加州）一所医院的加护病房。他发着烧，虚弱地躺在那里。

病号晚餐送来了：托盘上除了烤鸡、土豆泥和果冻之外，还有咖啡。我惊呆了。

"人都快不行了，还吃这种食物？还喝咖啡？"我心想。

"他们想害死他不成？"

"难道他们不懂得咖啡对肠胃和心脏会产生多大刺激吗？"

"美国人的身体构造是不是完全不一样啊？"

最初的震惊过后，我静下心来仔细想："日本人会给病人喝什么？"——绿茶！

自那以后，我开始研究绿茶的好处。

亚利桑那大学临床内科学教授、世界著名的整合医学专家安德鲁·韦尔（Andrew Weil）医生的研究表明，绿茶中含有一种特殊的抗氧化物质，叫做表没食子儿茶素没食子酸酯（EGCG），它"对抗多种癌症的活性令人印象深刻，同时还能保护心血管免遭氧化作用的破坏"。

日本一项新的科学研究表明（2009年10月），绿茶可以对抗HINI病毒。德岛文理大学（Tokushima Bunri University）一项研究报告也指出，抗病毒的成分正是绿茶中的儿茶素。

绿茶的作用不止对身体有好处。在后文"放松心神"一节中，我会提到一项研究，它表明绿茶能舒缓压力。我之所以能很快接受这些科研结果，是因为在我小的时候祖母就告诉我，除了好喝，绿茶还有很多好处。它是一种天然的草药，能够让人的身心保持健康的平衡状态。

我深信。每当我生病不适的时候，绿茶总是能帮我恢复过来。悲伤、生气、焦虑，或是肚子痛、腹泻甚至疲劳，我都要喝绿茶。绿茶成了我的生活中不可或缺的一样东西。

用我们日语来形容绿茶的话，就是yasashii，意思是淡雅、柔和。对我来说，那种感觉就像轻柔的棉花抚过肌肤一样。

如今，全世界都知道绿茶不仅清芬怡人，还有助于纤体和长寿。

但是，关于如何过上活力满满的人生，绿茶的秘诀远不止如此呢。

驻颜美人茶

我认识一位在农场干活的女子，她天天都在田里，一干就是一整天，可她的模样一点儿都不像农妇。她的皮肤光滑水润，显得特别年轻，脸上几乎没有皱纹和色斑。

天天暴露在强烈的阳光下，为何她还显得这么年轻？ "都是因为绿茶呀！"她说。

可这回的绿茶不是用来喝的，而是把绿茶敷在脸上。你也可以照着做：

1. 把喝过的绿茶叶子磨成细细的粉末。

2. 加入清水和面粉，拌成糊状。

3. 把脸洗干净后，敷上这款绿茶面膜，在脸上停留 10 分钟。

4. 用清水洗净之后，再使用你最喜欢的乳液即可。

5. 不做成面膜的话，把绿茶包直接贴在面部也行。

　　我亲自试过，真的有效果。我的皮肤变得越来越细滑，色斑都不见了。现在，我再也不用涂上厚厚的粉底来遮盖肌肤了。

　　这个方法一点也不贵，所有人都适用，而且还很环保呢！

纤体妙方

绿茶如此风行，在咖啡店都能喝到——至少在加州是可以的。你看过那些喝绿茶能减肥的广告吧？说的是真的吗？

我一直相信绿茶对健康有好处。喝茶的时候，我感到神清气爽。它有助于舒缓压力，放松心神，可我从来没想过它还有助于瘦身。

直到看到《奥普拉脱口秀》的电视节目时，我才头一回听说有人用喝绿茶来减肥。日本研究者声称，每天喝 5 杯绿茶，可以消耗掉 70~80 卡路里。一位自封的"抗老专家"尼古拉斯·佩里肯（Nicholas Perricone）博士那天上了奥普拉的节目，他告诉观众们，如果他们不喝咖啡，改喝绿茶，可以在 6 个星期内减掉10 磅体重。

这期节目播放出来之后，绿茶成了媒体的热门话题。可我仍然不明白为何它能减肥，所以我分析了一项来自日本的相关研究报告。报告里说，如果你在饭前饮用绿茶，的确有纤体功效。绿茶里头含有儿茶素，有助于在胃壁里形成一层薄膜。这层薄膜能防止人体吸收多余的卡路里，还有助于消耗更多的热量！它也能保持你的匀称体态。

如果你想借助绿茶来瘦身，要记住，吃东西之前喝一杯。真的有效果哦。

护花使者

喝剩的绿茶叶子还可以放到花盆或是小菜园里，当肥料用。

把绿茶叶子拌到园艺土里去。叶子会发酵，使土壤变得更肥沃。

如果你用其他的厨余废料来堆肥，想想吧：那些东西基本上都是剩菜，所以大部分都是含盐的。可茶叶是百分百天然的东西，既能丰沃土质，又免于食盐污染土壤。

你也可以直接把茶叶倒在花盆里，撒在植物根部附近，然后浇水就行。茶叶会保持土壤湿润。我做完面膜后，就把剩叶子倒进去。

多妙啊，一箭三雕！这是真正的绿茶生活呀。

没有蛀牙！

下面来看一则有趣的报道，说的是绿茶和蛀牙。

日本小学生的蛀牙很严重。京都有一所小学让学生们参与了一项实验：每天午饭后用绿茶漱口。三年过去了，这些孩子的蛀牙数量下降了 50%。

东京医科齿科大学（Tokyo Medical and Dental University）的一项研究表明，绿茶中含有的"氟"的确有助于坚固牙齿，"儿茶素"能防止牙菌斑形成，"单宁"可以消灭口腔内的细菌。

试试看，饭后用绿茶来漱漱口。用不着每天做三次，一天一次就够啦。

会见效的。难道你不觉得，这比含一口化学药水更好吗？

绿茶很安全，还很省钱呢。

放松心神

每当紧张或焦虑的时候，我的身体就会渴盼绿茶。喝了一两杯绿茶过后，我就能放松下来。我不知道为什么，只是按照祖母的叮嘱做。

她总是说，要是你觉得紧张，就喝绿茶吧。我想当然地以为她知道个中原理。看来，如今的医学研究证明了她是对的。

名古屋大学（Nagoya University）心理学系 2007 年的一项研究指出，绿茶叶片中含有 L– 茶氨酸，这种氨基酸能够阻断 L– 谷氨酸与大脑中的谷氨酸受体结合。

由于 L– 茶氨酸能够影响人在压力下的心理和生理状态，口服 L– 茶氨酸可以抑制神经细胞对刺激的反应，从而产生舒缓压力的效果。

我的法国友人说，即便远在法国，喝绿茶也是一种时尚又健康的行为。她的法国朋友们发现，绿茶里虽有咖啡因，却不会让人变得兴奋和不安。他们觉得绿茶反而能舒缓情绪，让人放松下来，同时又能让人神清气爽，思路清晰。在这里面，L－茶氨酸肯定是耍了什么小花招哟！

泡个绿茶澡：拥有光洁肌肤

5 年前，我从朋友那儿听说绿茶可以用来泡澡。

一开始我不相信。把绿茶加进洗澡水？我的朋友卷起衣袖和裤腿，给我看看她的皮肤。简直如丝般柔滑啊！她告诉我说，多年来她的皮肤一直很干燥，还起皮，她尝试了很多疗法，但最终还是绿茶起了作用，使她的皮肤变得光洁了。

我发现，绿茶里含有很多种维生素，是柠檬的 5 倍之多。儿茶素能杀死皮肤表面的细菌，还能去死皮。

德国一项研究表明，将绿茶中提取的精华物质溶于过滤后的热水，一天三次，每次泡澡 10 分钟，16～22 天以内，因放射治疗而受到伤害的肌肤就能得到修复。

以下就是绿茶泡澡法：

1. 将一盎司（30 克）绿茶装进棉布小袋内。

2. 把袋口系紧，放入开水中，浸泡 15 分钟。

3. 把热腾腾的茶水倒进浴缸，美美地泡个绿茶澡吧！

巧用绿茶，祛除鱼腥味

我特别爱吃鱼。

在日本，我吃过好多不同种类的鱼。

我喜欢把鱼烤着吃、炸着吃、煎着吃，也喜欢腌鱼、炖鱼和生鱼片。做鱼的方法我会几十种。

可在美国，让人失望的是，超市里没有太多种鱼可选。

还不仅如此，每次在家做鱼我都很闹心，因为这会让整个家里都飘着鱼腥味。

儿子们不喜欢这种味道，特别是朋友来家玩的时候。甚至在伙伴们来家玩或是过夜的前一天，他们都不愿我在家里做鱼，他们说腥味会持续到第二天。

我向母亲取经。她说，祖母会用绿茶来祛除鱼腥味：把做好的鱼盛出来之后，在空锅里倒进热水，把茶叶放进去，然后把锅留在炉灶上就行了。她每天都吃鱼，可家里从来没味道。

我是用明火煎鱼的，因为这样很省事。只要几分钟鱼就做好了，然后我往煎过鱼的空锅里撒点喝剩的绿茶叶子，再倒一点水，关掉煤气，把锅放在尚有余温的炉灶上。鱼腥味立马消失了，真神奇！

万能清洁剂

　　绿茶不仅对人的身体有好处，几百年来，日本人都是用绿茶来打扫房屋、消除异味的。

　　绿茶喝完之后，不要把废茶叶马上扔掉。用手把大部分茶水挤出来，但也别挤得太干，叶子应该是潮湿的，因为你要用它做扫除呢。

　　湿茶叶是清洁地面的完美帮手，木地板、瓷砖、榻榻米、水泥地……几乎所有沾染尘土的表面都能用它来打扫。

　　它尤其适合用来扫除墙角和缝隙里的尘土和头发，湿茶叶能把灰尘吸附起来。窍门就是用扫帚把茶叶在地上来回搓扫，直到尘土和头发全粘上去为止，然后把脏茶叶扫进簸箕里就行啦！

　　茶叶里的儿茶素能清除细菌和异味，我建议你用它来清理浴室的地板。扫干净之后，你能闻到绿茶的淡淡芬芳，多清新！

　　别再把钱花在味道刺鼻、又有毒性的化学地板清洁剂上了。

　　对于有整天爱在地板上爬来爬去的婴幼儿的家庭来说，用绿茶打扫卫生也是安全的。

　　这种扫除方法多环保啊！

健康的心脏和血压

近期一项研究（2008 年的《时代周刊》）显示，在东方文化中更为风行的绿茶，对心血管很有好处。希腊雅典大学医学院（University of Athens Medical School）的尼古拉斯·亚历克索普洛斯（Nikolaos Alexopoulos）博士指出，绿茶能够软化心血管，增大血管弹性，使它更能适应频繁的血压变化。

用超声波检查的话，与饮用稀释咖啡因或热水的人相比，饮用绿茶的人在 30 分钟后心血管的扩张程度增强了。

科学家推测，绿茶可能对血管壁有作用。

受试者每天饮用绿茶，两周之后医生发现，他们的血管扩张能力比参加实验之前增强了。医生们建议，每天应喝不少于 1/4 盎司（6 克）的绿茶，差不多就是三四杯的样子。

我每天起码要喝 5 杯绿茶，所以我的血压正常得很，也没有心脏病。

在茶香中醒来

清晨一起床就能神采奕奕，这可真难！

起床之后，头脑还是懵懵的。你的身体压根就不想从早餐椅上挪窝。嘴巴里黏黏的，口气也很难闻。

如果你总是靠咖啡来唤醒自己，那下次试试绿茶吧！我推荐的原因有三：

1. 清新口腔：绿茶中含有单宁，能够消除黏滞感，清新口气，还能杀菌。

2. 唤醒大脑：绿茶的咖啡因能让你神清气爽，头脑清醒。

3. 富含维生素：咖啡和英式茶中没有维生素 C，可绿茶里有（每 100 克绿茶中含有 280 毫克维生素 C）。

有了绿茶，你就不需要咖啡、漱口水或橙汁了。一杯温暖、天然的饮料在手，你所需的一切都有了。在各种各样的绿茶中，日式煎茶（Sen-Cha，即通过蒸汽杀青工艺而制成的绿茶——译

者注）可能最适合清晨所需，因为它的咖啡因含量比其他绿茶更多。换句话说，它更适合唤醒身体，让你神采奕奕地迎接新的一天。

如何冲泡出清香绿茶

在一项对 40500 名日本男女的调查研究中发现，每天喝绿茶最多的人，死于心脏病和中风的风险最低。

所以，你今天要不要来杯绿茶？

想要关爱心脏的话，每天一两杯绿茶足矣——但是，要现喝现泡才行哦，成品绿茶饮料是没有这些保健作用的。"一旦茶叶泡了水，儿茶素几天之内就会降解掉。"美国塔夫茨大学（Tufts University）的营养学教授杰弗里·布隆伯格（Jeffrey Blumberg）博士如是说。

如果你喝的是其他英式茶，加入牛奶可能会抵消茶叶对心血管系统的保护作用，所以，只加柠檬或蜂蜜吧。最简单的做法就是什么都不加，而且最好的办法就是直接来杯绿茶。

以下就是绿茶的冲泡方法：

1. 把热水加入每个茶杯（视人数而定），这有助于给开水降温，最适宜绿茶的水温是 70~80 摄氏度。

2. 把茶叶放进茶壶，5 人份的茶大概要放 2 茶匙（7 克）。

3. 把热水从茶杯倒回茶壶。

4. 静候 30 秒。

5. 把茶汤慢慢地、来回倒于杯中，令每一杯茶都浓淡均匀，直至壶空。茶不宜太浓，也不宜太淡。

第二章

和风料理

每个国家都有自己独特的传统美食。

我听说，酱油刚传入美国的时候，大家都觉得这东西闻上去像杀虫水。当然了，如今成千上万的人都喜欢上了有它调味的各种菜肴。

多年前，我和先生带着大儿子搬进了祖母在日本的家。搬进去的头一天早晨，我先生早早起了床，到厨房去煮咖啡。他对一切都很好奇，特别是厨房，所以他打开瓶瓶罐罐，看看里头都装着什么。突然，我听见他倒吸一口冷气，嚷道："这是什么玩意儿？一罐屎？"

他揭开了橱柜尽头一个小桶的盖子，发现里头装着黏糊糊的黄色物体。他的话音太响了，祖母连忙赶来看看出了什么事。

看见那个打开的罐子，祖母有点不高兴。"这可是我的好东西。这个糊糊叫麸味噌（nukamiso），我存了40多年了！二战之前我就开始拿它做腌菜了。只要有腌菜和米饭，到哪儿我都活得下去。"

麸皮就是米糠，是用来腌制日式糠渍（Nukazuke）的，含有各种各样对健康有好处的抗氧化物质。

祖母的糠渍是她的厨中至宝，可我先生却以为那是宝宝的大便。

很显然，不同文化之间最大的差异之一就是美食。我先生决定对吃保持开放的心态。自打他尝过了祖母做的腌菜之后，就明白了其中的妙处。实际上，他爱吃极了。

现在，我在美国做糠渍。

这东西有点像酱油，一旦你习惯了它的味道，就会喜欢它。

还有些食物，比如豆腐、裙带菜（一种海藻）、蒟蒻（用魔芋做的，一种纯素的胶状食品）、荞麦面、纳豆（发酵的大豆），都是健康又好吃的东西。好消息是，这些东西不仅有营养，还很便宜，卡路里也低。

一般来说，美国的减肥餐会很贵，但这些东西很便宜，也更健康，同时还能帮你纤体瘦身。

美食是没有国界的。

人们会渐渐领略到什么东西好吃、自己喜欢什么口味、哪些东西对身体有益处。

你也来尝尝我最爱的美食吧?

饭吃八成饱

写此文时我正在看一个日本的谈话节目，嘉宾是日野原医生（Hinohara）。

这位老先生已经97岁了，依然执业行医、写书、定期写专栏、参加电视和广播节目。他不仅在日本开讲座，还到国外去演讲，95岁时他去了旧金山。他是个工作非常繁忙的医生，他说他的日程表已经排到了10年后。

老先生保持健康的秘诀之一就是睡眠，但是，不是睡得多，而是睡得少——每晚仅睡4小时。他说大家对睡眠有误解："长寿指的是活得长，不是睡得长。""就算每天只睡4小时，我一点都不累！我想要更多时间！"

他还说，吃饭的时候，他刚过了半饱就停箸不吃了，到下一顿之前，也并不觉得饿。

他说，对于上了年纪的人来说，吃六成饱是最好的，大多数成年人适宜吃到八成饱。如果你聚精会神地工作，就会忘了饥饿这回事，人生就是要做自己热爱的事情！

"饭吃八成饱，少病无烦恼。"日本人一直这样说。意思是说，在你感到完全吃饱之前，就该停下，留点胃口喝绿茶，这样一来，茶毕饭饱，心满意足。

有些医学研究人员想验证一下这句老话究竟对不对，就在老鼠身上做了实验。他们只把老鼠喂到八成饱，结果发现，比起进食过量的老鼠，这些老鼠的精力更为充沛，而且患癌症的概率也更低。

人的身体每天会新生出来很多细胞，取代旧的。如果体内的能量全部消耗掉了，坏细胞自然而然就会死掉（细胞凋亡），人患上肝癌、肠癌、乳癌的几率就会降低。

实际上，这个传统的饮食习惯还能帮你对付上涨的食品物价呢。

比方说，你昨天花在肉类和蔬菜上的开销是 10 美元，现在物价上涨了，你得花 12 美元才行。不要抱怨哦，这是一个让你更健康、更苗条的机会：就像昨天一样，还花 10 美元吧。当然，食品的量会减少 20%，但影响也不大。

这样一来，你每天吃到八成饱，精力更充沛了，而且用不了多久，人也会变得更漂亮呢。

早餐享用味噌汤

繁忙的早晨，什么才是最好的早餐？

匆匆吞一碗麦片、灌一杯咖啡来唤醒自己吗？

祖母告诉我，如果想要健健康康地起床，就喝味噌汤；它能迅速让你的身体暖和起来，对身体很有好处。

味噌是什么？这种黏糊糊的食物是大豆和谷物经过自然发酵形成的，味道鲜美，怎么做都好吃，是一种必不可少的食材。

江户时代（1603—1867），德川幕府统治着日本。当时有句老话："花钱看医生，不如买味噌。"此话出自1695年出版的《食材辞典》（*The Food Dictionary*）。人们相信味噌能安抚心神和肠胃，还能促进血液循环。甚至在今天，它还被用来清理烟斗里的烟油。

1965年的时候，味噌的突出药用价值就被科学研究证实了。日本国立癌症研究中心（National Cancer Research Center）的科学家们发现，定期食用味噌汤的人，患某几种肠胃癌、十二指肠癌、心脏病的比率明显偏低。1972 年，日本东北大学（Tohoku University）一名研究者发现，味噌中含有一种生物碱，能够清理人体内的重金属。

那么，如何在繁忙的早晨煮碗味噌汤呢？

简单极了。把水倒进锅里，再放进切好的蔬菜——爱吃的都可以放进去：胡萝卜、大葱、土豆、卷心菜、豆子等。（你可以前一天晚上把蔬菜切好，加水放进锅里，节省早上的时间。我祖母就是这么做的。）把蔬菜煮到软熟，几个人吃就加几勺味噌，搅匀关火即成。

豆腐　　洋葱　　味噌

瘦身佳品：高纤维的日本蒟蒻

大家都知道高纤食品有助于减肥，可蒟蒻（用魔芋做的一种素食胶冻）的瘦身功效堪称神奇。

我头一回听说这个，是在有一次我为杂志采访一位体操运动员的时候。她告诉我说，锦标赛之前她就只吃蒟蒻，这能帮她减轻体重，同时还有充沛的体力来完成繁重的训练。她认为，蒟蒻能够提供她所需的全部营养。就连现在，少女们也会吃蒟蒻来减肥。多年以来，它是日本纤体食品的重要配料。

蒟蒻里含有葡甘露聚糖，富含膳食纤维（100 克蒟蒻中大概就有 13 克）。人体极难消化葡甘露聚糖，因此蒟蒻直接就被身体排出去了，同时还能清理肠胃。

因此，它被视作上佳的瘦身食品——能让你吃饱，却不增加卡路里。

一项新研究表明，蒟蒻能使胆固醇维持在正常水平，预防高血压，调整血糖浓度。由于这些科学发现，人们普遍把它视作健康食品。

蒟蒻怎么吃

一个简便的食用方法就是把蒟蒻切成薄片，蘸芥末酱油或味噌吃。传统的烹调蒟蒻的方法是把它做成关东煮——一种冬天吃的汤菜，用酱油味的柴鱼汤底来炖煮新鲜的应季蔬菜、鱼豆腐和鸡蛋。人们也喜欢把蒟蒻放进寿喜烧[①]里一起吃。

---

①寿喜烧，又可称为锄烧。据说最早起源于日本古早年代，农人们于农事繁忙之余，简单利用手边可得的铁制农具如锄、犁的扁平部分，于火上烧烤肉类果腹因而得名。——编者注

纳 豆

　　纳豆是最传统的日本食品。不知道其他国家的人喜不喜欢，因为它的气味和味道都很浓烈，而且黏糊糊的。不是日本人，还真难吃得惯。不少人说，"唷！真恶心！这种黏糊糊、臭烘烘的东西有谁要吃啊！"但也有很多人，比如我先生和我很多美国朋友，都渐渐领略到它的妙处，甚至很爱吃，因为纳豆对健康特别有好处。

　　纳豆就是发酵的大豆，因此才有如此刺激的气味。可即便如此，20世纪90年代末，日本人最爱的食物还是纳豆。现在的日本，每年的7月10日还被命名为纳豆日呢。

　　纳豆到底有哪些好处？

　　它的一项保健作用就是，它含有纳豆激酶（一种丝氨酸蛋白酶），这种物质可以分解血栓。定期食用纳豆，可以降低患心脏病、肺栓塞或中风的几率。

纳豆中还富含维生素 K，它参与合成钙结合蛋白，有助于骨头形成，预防骨质疏松。此外，纳豆中维生素 K2 的含量也很高，每 100 克纳豆中的含量约达 870 毫克。近期研究发现，多胺可以抑制过度的免疫反应，而纳豆中的多胺含量比其他任何食品都高。最棒的是，纳豆还可以预防肥胖，大概是由于高蛋白低热量的原因吧——平均每份纳豆的热量大约是 90 卡路里，蛋白质却达到 7~8 克。除此之外，它还有些未经确证的好处，比如促进消化和预防衰老。

纳豆怎么吃

把纳豆盛到碗里，加一点调味汁（用酱油和味啉等调料做成的日式酱汁。——译者注）或普通酱油就可以了，然后用筷子拌至黏稠。在米饭上放一点儿，就可以享受满口鲜香了。

酱油包

芥末包

餐餐有梅干

咸酸口味的梅干是一种日式的腌菜。

咬上一口，配米饭吃，你肯定会抿起嘴巴，口水直冒——这东西真酸啊。

祖母说，有了梅干和米饭，别的菜都可以省了。这个搭配叫做"日之丸便当"（hinomaru-bento），因为米饭是白色的，上面的梅干是红的，装在长方形的便当盒子里，就像日本的国旗太阳旗。

咸梅干对身体有很大影响，据说它可以消灭三种毒素：

1. 清除有害细菌。

2. 清除血液中的毒素。

3. 净化体内的水分。

咸梅干里的柠檬酸含量很高。身体疲惫时，就会分泌更多的乳酸，而吃梅干可以改变体内的酸碱度，还能燃烧脂肪，于是蛋白质就可以继续做自己的"本职工作"，你的精力就恢复了。

即便是在食材花样如此繁多的今天，日本人还是会尽量每天都吃梅干，让身体更健康。

每天吃上一两颗，你会渐渐习惯它咸酸的味道。待到梅干成了你每日饮食的一部分，不吃的时候你会想念它那刺激的味道——你的身体会更加想念它呢！

健康蔬菜白萝卜

在日本，萝卜是最受欢迎的蔬菜之一。

在日文中，萝卜的意思是"大根"。在美国，人们或许称它为白萝卜，但在加州的杂货店里，标签上写的就是它的日本名字"大根"。

它的味道很温和，只有些微的苦味，像西芹一样脆脆的，水分很多。

萝卜的热量很低，富含维生素 C 和有助于消化的活性酶——芥子酶，所以，它是很好的蔬菜哦。

萝卜该怎么吃

这种大大的根类蔬菜有很多种吃法。

你可以把它切成薄片，拌成沙拉生吃，也可以像处理胡萝

卜那样，磨成菜茸。磨碎的萝卜叫做萝
卜泥，往上挤一点柠檬汁，倒一点酱油，
就可以配牛排或烤鱼吃。味道真的很好，
日式的牛排馆子就是这么用的。

　　如果你吃过生鱼片，那你肯定吃过
萝卜了，鱼片底下铺着的白色细丝就
是。它也可以跟其他蔬菜同煮在味噌汤
里，当作吃生鱼片之前的开胃菜。但最
受欢迎的做法是把它做成腌菜，腌萝卜
干（Takuwan）就是日式的腌萝卜。

　　挑萝卜的时候，应该挑又长又顺溜
的，因为不同的部位有不同的做法。靠
近叶子的那一头清甜多汁，可以做沙拉
或萝卜泥；根部的后半段水分没那么多，
切成片跟鱼或肉一起炖，会软烂一些。

做沙拉

煮

多吃应季食材

　　日本四季分明，天气、大自然的色彩，还有各种蔬食都有明显的应季变化。日本人非常喜欢这种变化，尤其是食物上，因为每个季节的食材都有其特殊的美味。现在，我们可以随时买到冷冻的，或是温室大棚里种出来的蔬菜。可是，当季的新鲜蔬食品质最好，味道也最好。

　　日本餐馆特别引以为傲的就是用传统手法烹制应季食材。

　　应季食材对健康也有好处，能帮你的身体适应外界的环境。有些能让你在冷天里暖和起来，有些在热天里帮你清凉解暑。

　　冬天里有白萝卜、胡萝卜和薯类等；到了春天有碧绿的叶菜；夏天有各种各样的水果，比如西瓜和草莓，这些瓜果水分充足，闷热的夏日里人会出汗，身体需要这种自然的水分；到了秋天，就会很想吃蘑菇和油脂丰美的鱼类了。

荞麦面

在日本，荞麦面是非常受欢迎的健康食品，就连爱吃意大利面的人也喜欢这种面条。

有一天，我在看瑞秋·雷（Rachael Ray）主持的电视烹饪节目，发现她拿日式的荞麦面来做鲜虾蔬菜面。"这是一种非常健康的面条。"她说。

荞麦面是用荞麦粉做成的日式细面，以低热量著称。我在日本工作的时候，同事们经常在午餐时吃它。"两个月之内我要瘦掉5磅。我听朋友说吃荞麦面能减肥，我要试一下。"

一份米饭有165卡路里，面包有260卡路

里，而荞麦面只有 130 卡路里。

它不仅热量低，对血压也有好处。

我的朋友在婚礼之前瘦了不止 5 磅。不过，她同时也做了好多运动喔。

高蛋白的豆腐

　　要我说，豆腐已经像寿司一样风靡全世界了。我的祖父有糖尿病，所以他听从医生的建议，每天都吃豆腐，直至耄耋之年过世。我们家人深信，豆腐的营养好，又养生。我几乎每天都要做豆腐的菜。

　　最近，我研究了一下它的好处。豆腐的热量低，含有的铁元素对人体有益，而且没有胆固醇（这东西可能会引起心脏病）。做豆腐时用的凝结剂不同，它含有的微量元素也不同：有的豆腐含钙较多（对骨质的生长和健康很重要），有的含镁多（对运动员尤为重要）。豆腐中的蛋白质含量也很高：老豆腐中大概有 10.7%，嫩豆腐中有 5.3%。1998 年，美国食品和药物管理局（FDA）宣布，大豆蛋白可以降低胆固醇，降低心脏病的风险。

豆腐的食用方法

你吃过豆腐吗？最简单的方法就是打开包装，放进盘子，然后用勺子小口小口地吃。

日式的吃法是在豆腐上撒上柴鱼花和切碎的青葱，再倒一点酱油在上面。如果你喜欢更美式的口味，可以用豆腐代替牛绞肉来做个豆腐汉堡。

天天吃海菜（海藻、裙带菜、昆布）

　　海藻、裙带菜、昆布？如果你从没吃过这些东西，头一回吃的时候大概会觉得味道怪怪的。有一次，玛丽和我一起去日本馆子吃饭，桌上有一道加了裙带菜的味噌汤。

　　她盯着汤里那片黑乎乎的东西，把它从碗里挑出来，放到另一个盘子里。

　　"我可不吃这个怪东西，"她抗议道。我劝她尝尝看，这是一种海菜，没准她会喜欢的。

　　我想，人们不太敢吃样子奇怪的东西吧。

　　如今寿司已经风靡世界，可没多久之前，还有人对我说："日本人怎么吃黑纸呀？他们疯了吗？哦，太恶心了！"

　　世易时移，如今吃寿司是精致、高雅、成熟的象征。

　　现在，裙带菜也开始风行美国了。日本科学家最近发现，从日本海野生的裙带菜中可以提取出一种名叫岩藻黄质的物质。经

临床验证，以及北海道大学（Hokkaido University）的一项新研究结果表明，岩藻黄质有助于燃烧脂肪。在白鼠实验中，它能激活一种可以促进脂肪分解的蛋白，这种蛋白积聚在内脏器官旁的脂肪组织中。被喂食岩藻黄质的白鼠体内，这种蛋白质的数量明显增加了。

裙带菜还可用在外用美容治疗上呢。

在传统东方药典里，它还被用于净化血液、增强肠胃功能、护肤护发，它对生殖器官也有好处，还能调理月经。

多了解一下昆布吧

昆布是日本美食中常用的食材，它是柴鱼高汤中的主料。你可以买到干的或是用醋腌泡的。

做柴鱼高汤的时候，取一条干昆布放入冷水锅中，开火炖煮。

昆布富含谷氨酸，这种氨基酸正是"鲜味"的来源，日本人把这种味觉称之为"umami"。1908年，日本人正式将"鲜"列为基本味觉之一，其余几种分别是咸、甜、酸和苦。

第三章

忍者般敏捷

引言

日本女性的平均寿命是 86 岁，男性 80 岁。

这也许是世界上最长的人均寿命纪录啦！

日本人长寿的原因有很多，但其中一个就是日常的生活习惯。

70 岁以上的老人里，大多数都不会开车。他们成长的年代里，汽车还不普及，成年之后从没学过开车。

因此，无论去什么地方，他们只能步行，或是骑自行车。我母亲在日本的邻居已经 88 岁了，他骑车去离家两英里外的地方买菜，天天如此。而另一位老人，91 岁的阿春则常常会步行一英里去看医生。

养花种菜，侍弄花草，这些都是怡情养性的好事，也让人有机会呼吸到新鲜空气，做做户外运动。

干家务活能够消耗卡路里，舒展筋骨，比如叠被褥、晾晒衣物和擦地。

这些传统的生活方式让人们灵活敏捷，充分参与到生活中，因此，他们看不出有任何改变的必要。

　　日常生活中的运动量已经足够，因此绝大多数人用不着再做额外的锻炼。

　　希望你能找到自己喜欢的简易锻炼法，时常做做，保持身轻体健。

骑自行车

我还没开车之前，自行车就是我的交通工具。

无论是雨雪天还是艳阳天，我坐上小小的车座，蹬上脚蹬，不停骑啊骑。你猜怎样？无论我想去哪儿，都能到得了。我没有被烈日晒化了，没有冻成冰棍，也没有被大风刮跑。

小小的车篮足够装得下我买的东西。如果你每天都骑车去附近的店里采买，就用不着大车筐来堆放大包小包了。

自行车不用加油，也不用做大保养。停车很简单，也不要钱。最棒的是，这是很好的健身运动——绝非艰苦训练——无论老少、大个子小个子都适用。

爬楼梯

　　在日本，人们通常乘坐公共交通工具上下班：地铁、火车和巴士。因此绝大多数人都得步行到邻近的车站，通常都在离家半英里或更远的地方。绝大多数车站里都有长长的楼梯，让人穿越路轨，走到另一边去。

　　搭地铁的时候，你必须走下很长一段阶梯，深入地下。下楼梯还算好，上楼梯简直就像在 5 英里慢跑。你的心跳会加快，大腿上的肌肉绷得紧紧的，可你只能继续往上爬，才能走回地面上去。

　　幸运的是，过去 5 年内，绝大多数车站和公共设施都装了电梯，不过有些地方依然没有。这对老人来说比较费力，但说到爬楼梯，我觉得他们比我强。

　　有次我回日本度假的时候，在东京郊区我家附近的车站旁，我遇见了 5 位年长的邻居太太。她们的年纪都超过了 85 岁，可没有谁爬不了楼梯、上不去火车的。

"您这是要去哪儿？"我问其中一个。

"我们要去市政厅看音乐演出。"

我们在同一个车站下车了，她们去走楼梯，我不喜欢爬楼梯，所以搭了电梯。其中一位老奶奶看见了我，说："你还年轻呐，得活动活动腿脚，不然到老你就遭罪喽。"

我大概是习惯了美式生活吧。天天都是一头钻进车里，到哪儿都开车去，步行基本上从没超过一英里，所以，在车站的楼梯前面，我败给了日本老婆婆啦。

你瞧，让日本人长寿的不只是饮食。另一个原因就是健康的生活方式。所有的研究都证明步行有好处，不管是什么形式的锻炼，都应该做做哦。

简便的椅上健身操

　　我在广告公司工作的时候，公司里的美术指导在 46 岁时遭遇了一次轻微的心脏病。自那以后，他就开始在每天下午 3 点钟的时候，在办公室里做这套椅上健身操。我问他怎么做，几周之后他给我画了几张示意图——

做家务时舒展筋骨

日式的生活让我们自然而然地做运动，从早到晚不闲着。

折叠被褥

清早，我们必须把被褥从地板上叠好收拾起来。由于日本绝大多数房子都很小，白天起居的空间就是晚上睡觉的地方，这就好比纽约公寓里那种可以折叠起来收到墙上的床。不同的是，白天我们把被褥叠好，跟枕头一起放在专门的棉被柜里，到了晚上睡觉的时候再取出来铺开。

在日本，很多人睡的是这种褥垫，不是床。这种褥垫跟美国的不一样，没有木质的框架，中间填充的是百分之百的棉花。

晴天的时候，我们把褥垫晾晒出去，保持松软干燥。阳光会杀灭细菌。我们必须把它挂到晾衣杆或阳台栏杆上，这就像是定期的锻炼运动。

一个褥垫大概20磅重。叠好再举起，需要调动全身的肌肉。

洗衣服

日本人的洗衣房通常设在浴室隔壁。绝大多数人都会在晚上泡完澡之后，把浴缸里的热水留到第二天早上洗衣服用。要知道，日本人在泡澡之前是先淋浴的，所以泡澡的水比较干净。

拿一个小桶，把浴缸里的水倒进洗衣机。这样做可以省水、省煤气、又省电。因为水已经是暖的了。

如果后院或阳台上有地方，我们就把衣物拿过去晾晒，这又是举东西和锻炼的好机会！

扫地

用吸尘器之前，我们会用绑了抹布的扫把或拖把来清理地上的尘土和天花板上的蛛网。要干这个活儿，你必须伸展胳膊腿儿，然后再吸尘。

我们有个保持地板清洁的办法：把鞋子脱在玄关那里。玄关

往往比屋里的地板低一个台阶，这样一来大量尘土就留在门口了。每天把门口清扫干净，免得尘土飘进屋内。

祖母常说："大门口就像是镜子，反映出你过得好不好。那儿必须要干净整洁，因为客人来的时候，一眼瞧见门口，就能估摸出你和你们家是什么样子。"

因此，我们一家跟祖母同住的时候，她逼着我们把脱鞋的习惯改过来。

我先生的身高有一米八。回到家，弯腰脱鞋，再摆放整齐，对他来说总是个麻烦事儿。他刚到日本生活的时候，觉得日本人的这个习惯很奇怪。

他爱把鞋到处乱放，一双鞋总是不在一块儿。祖母不喜欢这样，所以她总是弯身去把鞋子收好，这也是她的一种锻炼方式。

美国心脏协会（American Heart Association）的一份报告指出，他们请 302 名七八十岁的老人每天做 1 个多小时的家务劳动，比如吸尘、拖地板、擦窗玻璃等，结果发现，一个人可以消耗掉 285 卡路里的热量，死亡的风险降低了 30%！

1 平方米的袖珍花园

　　湛蓝的天空，清新的空气，成熟蔬果的气息，还有花朵的甜香，这一切为身、心、灵赋予力量。你挖土、种植、浇水，你拔掉野草，精心呵护着花草和蔬菜。这是十分简单又容易做的户外运动，让你有机会沐浴在阳光和清新的空气中。

　　做园艺的感觉真美好啊！种瓜得瓜，种豆得豆，这些东西你看得见也摸得着。在你的精心照料下，田园里的幼苗渐渐长高。

　　这看似是件小事，但是，与自然协作，能教会我们一些简单却重要的东西。

　　许多日本城市鼓励园艺活动，但土地稀缺，所以市政府为想拥有小花园的家庭提供 1 平方米的面积，想种什么都可以。

　　到了周末，全家人可以到地里去，照料自种的有机蔬菜。

　　这是全家人相聚的好时光，你也有机会跟别人聊聊你的花草果菜，分享经验，培养邻里关系。

随时随地，踮踮脚尖

这是个简单的小运动，在家、上班、任何时候你都能做。

我有个朋友，看上去比实际年龄要年轻 20 岁，苗条又健康。

她没请专业的健身教练。她的秘诀很简单：随时随地，踮踮脚尖。

什么意思？

就是……随时随地，踮起脚尖再放下嘛。

做饭的时候，她踮起脚尖，再放下，20 次；

刷牙时，10 次；

看电视，20 次；

等着过马路，踮脚尖 10 次，半蹲 10 次；

你也可以独创出自己的踮脚尖时刻哦！

开车时的解压小锻炼

如果你开车上下班，那多半要在车里坐上好一阵子，没准一天要在车里待上 2 小时。以下就是一些简单易做的车内解压小锻炼。

● 静力锻炼：屏住呼吸，收紧腹部肌肉，5～10 秒钟，然后放松，呼气。重复 10～15 次。这能减少腹部赘肉，改善体态。

● 转转脖子：等红灯的时候，慢慢地左右转头。不要猛地往前伸头或仰头。

● 放松肩膀：把左手放到右肩上，用手指揉揉右肩，然后换手重复。也可以轻拍肩膀，放松效果是一样的。

● 舒缓腰背：坐直了，用力靠在椅背上，然后收紧腹部几秒钟。重复几次。下车的时候，走到车尾去，双臂伸直，扶牢后备箱，做弯腰运动。

● 全身运动：1.出门办事采买的时候，把车停在离店最远的车位。2.自己洗车！此时你有机会弯腰、伸展，用上全身的肌肉啦。

迈开双腿往前走！

　　每次回日本，我见到的老人都比以前多，尤其是在白天。火车、购物中心、超市，眼前的老人总比年轻人多。

　　根据 2002 年联合国的统计数据，到 2020 年，60 岁以上的人占总人口的比例，美国是 22.8%，日本是 33.7%。

　　给我留下深刻印象的是，在日本，很多老人家的身体都很硬朗。他们早早起了床，出门去。不管什么季节，戴上防晒的帽子，穿上适合走路的舒服鞋子，再背个小包把双手解放出来，老人家就上路啦。

　　对绝大多数人来说，不管你想去哪儿，迈开双腿往前走吧！我是在日本长大的，适逢 20 世纪 60 年代，那时只有上流社会的人才有汽车。可如今日本更像美国了，家家户户都有车。但是，日本绝大多数人只在周末开车。周一到周五，他们乘坐公共交通工具上班，地铁、火车、公车。几乎人人都要走到离家最近的车

站去，而车站基本上都在半英里开外，或者更远些。

我的家人和朋友们都会随身佩戴一个计步器，记下自己每天走了多少步。

保健部门建议大众每天走上1万步，降低血糖和胆固醇。走1万步可以燃烧掉300卡路里。如果你消耗的热量比摄入的多，就会瘦下去。真是个理想的运动方式！

这种计步器是在40多年前流行开来的。如今我每天都用，但要走到1万步是很难的。

日本相关机构的调查结果显示，白领男性平均每天能走3800步，而家庭主妇每天只走2800步。但大家还是带着计步器，努力实现1万步的目标。

美国人的生活是围绕车轮展开的，日本人靠的是双腿，因此日本的老人无需再做额外的锻炼了，走路本来就是日常生活的一部分，这个习惯让他们清瘦又健康。

我觉得，设定每天走多少步的目标是有意义的。对我来说，它能让我重视走路这回事。我会有意识地多走路，避免走捷径，因为我要达到目标。你用不着买花里胡哨的健身设备，或是花一大笔钱买减肥用品，多走路，把赘肉甩掉吧！

日式木屐好处多

　　我儿子的朋友西恩出生在日本，爸爸是日本人，妈妈是美国白人。由于爸爸的工作关系，西恩成长期间，全家人在好几个国家之间搬来搬去。后来他选择在美国读大学，从东海岸一家大学毕业了。念书期间，有一年的寒假他来旧金山我们家玩。

　　看见他光着脚穿着日式木屐，我惊讶极了。北加州的一月寒冷多雨，可他无所谓。他说，华盛顿的下雪天里他也这么穿，事实上，他一年到头只穿木屐。我问他为什么。

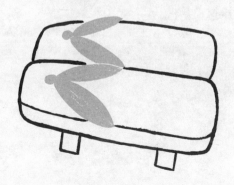

"因为它对健康有好处，还能让头脑变得灵光。"

你见过木屐吗？这种人字拖的鞋身是用平滑的木头做的，上面缀着布袢带，鞋底下还嵌着两块木头，把脚底垫高。按传统，木屐是搭配夏季的浴衣（薄棉布做的和服）来穿的。当然了，你也可以像西恩一样，搭配西式服装，让脚在雨雪天里也是干的。

如今的日本，相扑运动员仍然会穿着日式传统服装到处走来走去，终年都踩着木屐，但绝大多数人已经不穿了。它的确已是陈年旧俗了。

但穿木屐行走能按摩脚底的穴位，从而起到天然的保健作用。这些穴位连接着人体至关重要的内脏器官，而且据西恩（还有其他研究者）说，穿着木屐忙碌一天也不觉得累。还有更好的功效是，它能让人大脑里的神经通路得到刺激。

想寻找开心的回忆，体会幸福的感觉吗？拿一双木屐穿上，"橐橐"地沿街走下去吧。

竹子与日式足疗

这一节跟竹子地板可没有关系喔。我要说的是一种自己在家就能用的足底按摩器。如今它在日本十分流行，就连健身俱乐部也推荐会员用它来做轻松简便的锻炼。

　　足反射疗法是一种针对脚或手的按摩疗法。日本人一向深信这种竹制按摩器的功效，原因有三个：

　　1. 足部与心脏之间有重要的关联。足底有很多穴位，受到刺激时对心脏很有好处，但一般来说你自己按不到。竹制的足底按摩器能从脚底激发出对健康有益的能量流。我们的老祖先认为，这种足底按摩能够祛除身心的病痛，驱走厄运，带来好运。

　　2. 这种按摩需要你动起来，因为你必须站起来，前后调整重心，伸展跟腱。如果足弓（也就是脚心）得到了锻炼，走路时你就会有挺拔的体态。

　　3. 竹制的足底按摩器能够促进血液循环，让身体暖和又舒适。

调整呼吸

　　将双臂尽量舒展开来，同时深深地吸气；双臂往回收的时候，把气息呼出去。

　　这个简单的动作能够让肺部吸入充足的空气，令你镇定下来。

　　想要吸入更多氧气，深呼吸是个非常有效的方法。通常它被用来缓解焦虑。腹式呼吸法是这样的：

1. 换上宽松的衣装，用舒服的姿势坐下或躺下。

2. 伸开双臂，在体前交叉。

3. 双臂伸开，同时用鼻子缓缓地吸气（轻轻撅起嘴唇也可以，这是为了减缓吸气的速度）。

4. 吸气的时候，体会一下腹部充盈的感觉；如果是胸部盈满了气息，把注意力放在横膈膜上，用它来呼吸。

5. 双臂放回交叉位置时，缓缓地用嘴把气呼出来。

6. 休息片刻，重复。

第四章

舒缓治愈系

每代人放松休闲的方式都不一样。

在日本，唱卡拉 OK、打电子游戏、打弹球、看动漫，都是年青一代忘掉现实世界压力、找乐子的方式。关于放松，字典上是这么解释的："什么都不做的艺术与科学。"那么，为了放松，我们该做些什么呢？

日本医学界的研究者们发现，健康与长寿跟诸多活动有关系，其中一项就是泡澡。日本人喜欢拇指浴、足浴、清酒浴，尤其是"泡汤"，也就是泡温泉或是矿泉浴。

在日本，温泉并不是老年人独享的专利，无论老少都喜欢。最终极的泡汤体验是趁下雪的时候泡户外温泉。冰冷的空气一阵阵朝脸上袭来，身体却浸泡在咕嘟嘟冒泡的热水中，皮肤暖和得发红。在你旁边，常青植物的枝条都被冰雪压弯了，你能看见山下的海面。闭上眼睛，什么都不想，心跳渐渐舒缓下来。

禅宗里说的"空无一物"怎么样？到寺院里去祈祷和冥想，周围缭绕着焚香的怡人气息。身体与心灵交融合一，再无滞碍。类似的身心疗法还包括指压按摩、灵气疗法、针灸等。

安宁的感觉笼罩全身，你的身体也会作出和谐的回应。

哈佛医学院身心医学研究院（Mind/body Institute at Harvard Medical School）的赫伯特·本森（Herbert Benson）医生认为，安宁是身体健康的重要因素。在放松的过程中，血压降低了，新陈代谢、心跳和呼吸都会放缓。

你能静下心来，什么都不去想吗？

拇指浴

如果你长时间站着不动或坐着不动，肌肉就会变得紧张僵硬，人会感到疲劳，神经绷紧。你很可能会因此头痛，或是身上别的什么地方痛，头脑也变得懵懵的。此时你可以做个拇指浴——

1. 取两个茶杯，倒入热水，把双手的大拇指各自浸入杯中。

2. 深呼吸，数到 60（或是任何你喜欢的数字）。

把拇指浸泡在热水中，可以缓解紧张和压力。

凝视四季变化的景色

日本四季分明，景色迥异。

自古以来，人们使用各种各样的方式来庆祝四季更迭。如今，地球之友（Friends of the Earth）这样的组织基于百年来的传统，举办特定的活动，帮助大家更加亲近自然，体察每一季的物候变化。

日本关于季节的传统活动不计其数，比如春季的"花见"（Ohanami）、夏季的"花火"（Hanabi）、秋季的"红叶狩"（Momiji gari）、冬季的"雪见"（Yukimi）。

● 花见：春天，我们会留心枝头绽放的花朵，特别是樱花，那是春天到来的明丽象征。花见就是到樱花树下赏樱的日子，这是一种让人彻头彻尾放松的休闲方式。人们斜倚在毯子上，打开便当盒，品尝各式各样的美味饭团，喝清酒或啤酒，唱卡拉OK。

● 花火：到了夏天，人们就去看焰火，这有点像每年7月

4 日的美国国庆日。不同之处在于，在日本，焰火会盛放整个夏天。燃放活动会错开时间和地点，所以你可以自由选择，想看多少次就看多少次。

● 红叶狩：秋天，树叶变成了火红、橙黄和灿烂的金色。人们爬上山麓，寻找最让人屏息凝神的秋色。

● 雪见：冬天，人们会用雪堆筑成艺术品，任大众评鉴。

细数一下四季中有多少欣赏大自然的方式吧。每一季里，细心记录下大地色彩和肌理的变化，组织一些特别的活动，静静凝视自然的秀色。多么简单！亲朋好友们聚在一起，每家带一个菜，去到公园里、山脚下或是海岸边，余下的就让大自然为你一一上演吧。

足 浴

泡泡脚，真的让人很放松呢。

如果你是寒性体质，我推荐你试试看，这是个非常简便的方法，既能放松心情，又能让你的身体暖和起来。

懒得泡澡或淋浴的时候，就泡个脚吧。

找个足够大的盆，能把双脚放进去。

往盆里倒入热水，然后找个大垃圾袋，把盆放进去，把袋子拉起来罩住腿脚，这样一来，温暖的水蒸气就不会跑掉。

如果热水变冷了，再加点就是了，调节到自己觉得最舒服的温度。

足浴能缓解头痛、肚子痛和咳嗽。泡脚的最佳时间就是上床睡觉之前。双脚暖洋洋的，好舒服啊，紧张和压力都不见了，你会睡得很香。

算一卦

迷惘、忧郁或悲伤的时候，你会做什么？

或许，满腹心事的你想要找个治疗师？

在日本的城市里，几乎每个街区的马路边都有算命的。

他们的招牌上写着："占卜算命，无论何事，诸如健康、职业、婚姻等，皆能一一指点。"

算一次的价格大约 30～50 美元不等。算命的会看你的手相，或是根据生辰来推断祸福。一般来说，她会鼓励你要挺住，或是预言某些好事或灾难要来了。人们觉得这个方式安全又可靠，因为算命的是彻头彻尾的陌生人，此生你大概再也不会重遇，所以你可以放松下来，畅所欲言。

在美国，情况就迥然不同了。心理医生菲尔博士[1]每天都会

①菲尔·麦格劳，是美国家喻户晓的电视心理学家、当红脱口秀节目主持人、畅销书作家。——编者注

在电视上露面。

日本还有个现象，就是阐释性格和血型之间关系的书非常热卖，很多都打入了畅销榜。

相信这种说法的人会通过血型来了解他人的态度和行为。由于血型反映出人体的化学状态，因此也能反映性格：

- A 型：严肃认真、焦虑、为人比较保守。
- B 型：无忧无虑、比较自我、独立。
- AB 型：独特、较夸张、好奇心强。
- O 型：非常友善、优秀的领导者、不拘小节。

有种说法是，如果某件事你控制不了，就要学着去接受。因此，当我们免不了要接受别人的某些做法时，我们希望能有个解释。"他就是那种血型的人嘛！"这话人人都会同意。这是复杂问题的简单解释。你放松了，接受了，暂时忘记了你们之间的分歧。

不同血型人群的男女比例——

男＼女	A	B	O	AB
A	AA	AB	AO	A AB
	75%	50%	80%	65%
B	BA	BB	BO	B AB
	60%	75%	75%	90%
O	OA	OB	OO	O AB
	95%	60%	65%	60%
AB	AB A	AB B	AB O	AB AB
	40%	80%	50%	70%

　　有些人相信，异性之间是否合得来，通过血型就能看得出来，你同意吗？

水疗和温泉浴

你可以通过在家冥想的方式来放松。

但是，如果泡温泉的话，身体和心灵都能松弛下来。

什么是温泉浴？就是在天然的地热泉水中泡澡。由于火山的关系，涌出地表的热水含有大量矿物质，比如硫磺、氯化钠、铁、重碳酸盐等。

医生和科学家们相信，这些天然元素有多种多样的治疗功效。

祖母十几岁的时候患上了风湿热。当时是日本明治时期，正逢 19 世纪末 20 世纪初。她在温泉区待了半年，采用医药治疗（当时仅有的几种化学药物）和大自然的治愈力量相结合的方法来疗养。

温泉疗法需要挑个合适的温泉，好好浸泡一番，它能够祛除病痛，还能治疗诸如关节痛、慢性皮肤病、糖尿病、便秘、月经失调等病症。

　　据祖母说，那 6 个月的温泉疗养治好了她的背痛。一直到94 岁，她都很少去看医生。她遵循着古法生活，让身体吸收优质营养，也能好好运用大自然的治愈力量。

　　像祖母一样，我也会去泡温泉，浸浴在热气蒸腾的矿泉中。身上的疼痛缓解了，走的时候，我的皮肤也变得细滑而光洁。

　　我特别喜欢在早春时分去泡户外温泉。按照习俗，要裸身滑入热水池中。四周的树枝和地面上还残留着小团小团的冬雪，可附近的棕榈树已经绽开了花朵。

　　春寒料峭，可池内却如此温暖。放眼四周，在我的静静凝视中，冬天渐渐融成了春天。我的身心放松了，思绪自由地离开真实的世界，飘向远方。

禅意之香

　　每次进到日本的寺庙，我就能平静下来。其中一个原因就是殿内燃点的香。

　　庙堂里，自然光和烛光交织在一起，香气在空中缭绕盘旋。

　　我在佛前坐下，沐浴在光线和香气中。这是西方没有的气息。

　　几个世纪以来，禅宗信徒保持着焚香的习惯，他们认为这是冥想仪式的一部分。或许是因为有些香料中含有香茅油，能驱走恼人的蚊虫，因此人们特意焚香，免得分散修行人的注意力。

　　香中含有两种重要的成分，一种是沉香，另一种是檀香，它们的香气最能平静心神，让人沉浸在冥想之中。

　　如果你感到生活压力渐渐袭来，试试日式的香薰疗法吧！

聆听大自然的声音

置身大自然的时候，请聆听它的声响。

鸟，风，动物，水边的昆虫。

有一位美国诗人朋友告诉我，日本人听见的大自然是不一样的。你能听见他们听到的那些声音吗？

树莺 "叽叽喳喳" 地唱着，宣布春天来了。

夏日时分，蝉儿懒洋洋地叫着 "知了，知了"，好热啊！

秋天的蟋蟀 "唧唧" 地鸣响，凉意渐渐升起来了。

大自然是会说话的。

清流拍打着岩石，那无疑是大自然发出的乐声。

一年四季都有风声。传统的乐器，比如竹笛、太鼓、唐筝和三昧线，摹仿着季节更替的旋律。

大自然的声音中有种治愈的韵律。

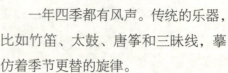

灵气疗法

有一年生日，我收到了一张免费的灵气疗法（Reiki）体验券。那位灵气大师就居住在加州，跟我们生活在同一个镇上。那封电子邮件里是这样描述"灵气"的："如果你精疲力竭，灵气疗程会借助心灵的力量让你放松下来。"尽管灵气疗法是从日本传过来的，可我还真的不了解这是怎么一回事。那位灵气治疗师是个美国女子，在旧金山受训的。我还以为她会是日本人呐。看过她墙上挂着的认证证书之后，我对这个疗法多了些了解，随后我意识到，以前我听说过这个。

1922 年，臼井瓮男（Mikao Usui）在鞍马山（Mount Kurama）上修行，做冥想、斋戒、祈祷，第 21 天后，他体验到了"灵气"。

臼井说，透过冥冥中的天意，他懂得了如何运用灵气的力量，能够把灵气传给他人，调理他人体内的气息。

　　治疗过程很有趣。治疗师的双手变得非常暖和，几乎烫人。她说，这就是进入她体内的治愈能量的体现。她把手掌放在我身体的不同区域，渐渐地，我感到身体轻松了，紧绷绷的感觉消失了。疗程结束后，我精神饱满，情绪安宁。

　　灵气疗法有五个原则：

1. 不要生气。

2. 不要忧虑。

3. 心中充满感恩。

4. 诚实正直地处事。

5. 善待他人。

　　每天早晚，双手在胸前合十，从内心深处，诚恳地把这些词句大声说出来。你会与更高层次的心灵力量连通。

　　这五条原则对我很有用哦！

清酒浴

经过了好几小时的工作之后，在齐肩深的热水中泡个澡，真放松啊！

你听说过清酒浴吗？

日本很流行这种泡澡法，对美容和健康都很有好处。

清酒是用米酿的酒。

把清酒加进热热的洗澡水中，能让你在很长一段时间内暖暖和和的。因此，睡前泡个清酒浴，能让你平静下来，美美地睡一觉。

清酒浴还能滋养肌肤，祛除死皮，让皮肤变得柔化光洁。这都是米曲霉（用来让大米发酵的霉菌）的功效。

如果你喜欢淋浴的时候唱歌，泡澡的时候也可以来段卡拉OK嘛。尽情释放自己，想做什么就做什么。

以下就是清酒浴的做法：

1. 把泡澡水加热到 38℃，倒入 4 杯清酒。

2. 爱泡多久就泡多久。泡好之后，冲净身体并擦干。

3. 好好感受自己温暖丝滑的肌肤吧！

日式指压

肩膀痛、脖子痛、肌肉痛、腰背痛……身体的任何部位都有可能遭到疼痛袭击。虽然没有医学实证，可我觉得，比起其他国家的人来，日本人好像对这些疼痛更敏感。

到药店里转转，你会看见各式各样治疗肌肉痛的药："脱苦海"（一种镇痛的膏药）、磁疗、软膏、"东方"草药……日本人用"脱苦海"已经有一百多年的历史了，哪儿痛就贴哪儿，还真管用。

如今，很多人会推荐指压按摩。在东京，车站大楼，或是任何一个火车站附近，你都能找到指压按摩的诊所。

忙忙碌碌的城市人希望缓解紧张感。指压按摩师用手指重重地按压疼痛的肌肉。他们下手很重，但感觉真的很好，因为他们非常清楚哪里需要被按到。以前，光顾指压诊所的都是中老年人，可如今，长时间坐在电脑前的年轻人也需要松一松紧绷的肌肉。有些车站里或车站附近的指压按摩大约 10 分钟收 10 美元，对来回奔波的年轻人来说，也不算坏啦。

汤婆子①

汤婆子就是日式的一种热水袋。

它大约有 30 厘米长，25 厘米宽，大概能装 3 升左右的热水。

我年轻的时候，家里没有电气的取暖设备，到了冬天，被窝里都冷冰冰的。绝大多数家庭就把汤婆子放到被窝里暖脚。真舒服，真惬意呀，特别是赶上下雪或下雨的晚上，天寒地冻的时候。不用暖气或电热毯也能暖和一整夜，皮肤还不会觉得干。次日清早，还能用里头的水来洗脸。汤婆子最早是用锡做的，现在有好多种材料了。

过去几年里，汤婆子再度流行起来，因为它能为身体提供自然的热度。

把水烧开之后，小心地灌到汤婆子里，然后把口拧紧，装到

---

①汤婆子，又叫 "锡夫人"、"汤媪"、"脚婆"、"锡奴"，中国宋代已有。——编者注

布袋子里，放到被窝里取暖就行了。

　　你也可以废物利用，拿用过的塑料瓶子自制汤婆子，然后用毛巾包起来。（参见"物尽其用"那一章）

　　这可是寒夜里的"绿色"取暖法哦！

　　左图：把瓶子装到塑料袋里，免得漏水。

　　右图：用毛巾把它包起来，免得烫手。

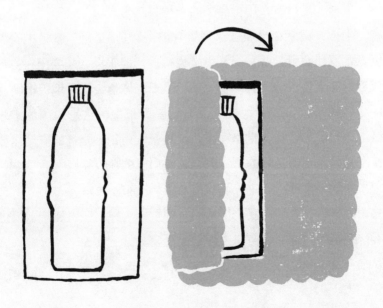

坐 禅

　　坐禅，是日本人用得最多的一种冥想方式。

　　坐禅关键就在坐姿上。坐姿有很多种，"正坐"就是把脊背挺直，双腿叠着坐好，交叉盘腿也行。一般来说，是要坐在方形或圆形的坐垫上的，可即便是垫了垫子，你也会觉得地板很硬。

　　坐禅时应当坐在地板上，面向屋子正中，这是为了静定思绪。数自己的呼吸，觉察呼吸，或是气沉丹田。坐禅的一个主要原则就是不要想具体的事，只要关注自己的呼吸就好。

　　禅学专家建议，每天可坐禅 5～10 分钟。

　　禅里说，人的自我会自然而然地抗拒心灵，所以要想取得进展，有规律地练习和自律精神是很重要的。

幸福满溢的绿茶杯

我在日本的叔叔送了我一个绿茶杯，杯子上写着"快乐十法"。喝绿茶的时候，我总会看看这些字句，它们能让我放松下来，感觉焕然一新。

1. 对你得到的东西，要感恩。

2. 量入为出。

3. 与伴侣保持良好关系。

4. 仔细打理自己的财产。

5. 健康生活。

6. 为人诚实。

7. 把工作当做嗜好。

8. 追随梦想。

9. 犯错的时候要敢于承认。

10. 诚挚地奉献。

第五章

绿茶美颜

清晨，我用一杯绿茶拉开一天的序幕。

之后，我敷上绿茶面膜，让它在脸上停留 10 分钟。

然后我去淋浴，用的是竹炭皂和洗发水。至于护发素，我用的是醋、水和迷迭香。

临睡前，我用厨房里的橄榄油卸妆。

每周一次，我用鸡蛋清做祛皱面膜。

在基础护肤程序中，我再也不用其他产品了。

我在日本的美容师认识我 20 多年了，非常了解我的发质和肤质。有一次，我们俩隔了很久才见面，她对我说："你的头发可真漂亮，这么有光泽，又健康。还有，你的肤质也改善了好多。有什么秘诀啊？美国的化妆品？我也要买！"

我把每天用的这些有机产品告诉了她。

后来再见到她时，她向我道谢。我告诉她的那些小贴士对她也很管用。

这些有机护肤品让我的感觉好多了。

不仅如此，我还每个月省下将近 100 美元呢。

让自己变得漂漂亮亮的，并不是一件奢侈的事情，只是我每天必做的环保美人小功课而已。

禅宗里说的"空无一物"怎么样？到寺院里去祈祷和冥想，周围缭绕着焚香的怡人气息。身体与心灵交融合一，再无滞碍。类似的身心疗法还包括指压按摩、灵气疗法、针灸等。

安宁的感觉笼罩全身，你的身体也会作出和谐的回应。

哈佛医学院身心医学研究院（Mind/body Institute at Harvard Medical School）的赫伯特·本森（Herbert Benson）医生认为，安宁是身体健康的重要因素。在放松的过程中，血压降低了，新陈代谢、心跳和呼吸都会放缓。

你能静下心来，什么都不想吗？

柔亮秀发：自制香草醋护发素

我喜欢每天使用安全又舒服的美容品。

你知道吗? 咱们可以不用花多余的钱，就能在家里自制护发素。

这种护发素能让秀发柔软、顺滑又闪亮。

它是用醋和香草做的，制法也很简单。

1. 找一个干净的、原先盛洗发水或护发素的空塑料瓶，倒入约 500 毫升水。

2. 加入 4 茶匙白醋或米醋。（1 茶匙大约 5 毫升。——译者注）

3. 摘 3~4 支新鲜的迷迭香或鼠尾草放进去即可。

4. 如果你用的是干燥香草，就把做法调整一下：取 2 杯水（500 毫升），加入干香草煮开；把水滤到大碗里，放凉之后加入 3 满勺醋，然后倒入塑料瓶子里就行了。

　　这种护发素真的很有效果，上述分量大概能用两三周。我发现，我的头发不仅变得又柔又亮，头皮屑和掉发也都减少了，头发上的染色也更持久。看到自己亮泽的秀发，你肯定会开心极了。

光润美肌：用蛋清做面膜

如果你的皮肤比较干，或是鼻子上有黑头，试试蛋清面膜的保湿和清洁功效吧。

1. 把蛋清跟蛋黄分开，留下蛋清。

2. 把蛋清打成坚挺的蛋白霜。

3. 把蛋白霜涂抹到脸上。

4. 让面膜在脸上停留 5~10 分钟。

5. 变干之前把它洗掉。

鸡蛋里还有个"附送"的好东西呢。把蛋壳内部的那层白膜揭下，敷脸之前，把它贴在有皱纹的地方。

水漾双唇：用蜂蜜来护唇

　　冬天的时候，如果嘴唇因寒风或冷空气而变得干裂起皮，涂点蜂蜜吧。

　　蜂蜜很温和，而且能让嘴唇变得水润闪亮。

　　还不仅如此呢，它的味道也很好，甜蜜得很哟！

　　你也可以用蜂蜜来做面膜和身体护理。我的朋友纯子是从她的祖母那儿学来这招的。

　　我也用这个办法，蜂蜜让我的皮肤变得像缎子一样光滑，效果可真棒。

　　把以下配料放到一只特百惠①（Tupperware）大碗里混合均匀，如果不够柔滑，就再多加一勺蜂蜜：

---

①特百惠公司（Tupperware Brands Corporation），塑料保鲜容器厂家，总部在美国。——编者注

1. 一只蛋的蛋清。

2. 3 茶匙蜂蜜。

3. 1 杯泻盐。（epsom salt，即硫酸镁。——译者注）

混合后，室温下静置一小时。

取 1 茶匙混合物涂抹到面颊上，停留 30 秒，然后彻底洗净。之后把它抹到身体上。如果你觉得效果不错的话，可以涂抹全脸。

舒缓肌肤的热毛巾

气色疲惫的时候，上妆的效果也不会好。

用热毛巾敷在脸上，肌肤会放松下来。

先敷热毛巾，之后再用洁面皂洗脸。用热水或蒸汽来加热毛巾都可以。

皮肤下的毛细血管会扩张，让皮肤呈现出玫瑰般的红润。皮肤红润之后，用化妆棉沾取润肤霜，轻轻拍在面部。你会发现自己神采奕奕，皮肤已经做好了上妆的准备。

另一个让肌肤重焕生机的方法是不用毛巾，直接用热气蒸脸。在碗里倒进热水，俯身冲着碗，然后用一条毛巾把头部跟热水碗一起罩住，把水蒸气笼在里头。

干性皮肤的恩物：橄榄油

橄榄油不光能拿来做菜，对皮肤也很有好处。

晚上睡觉前，我用它卸妆。它能彻底清除彩妆，还能滋润皮肤。卸妆之后我一般就不再搽别的护肤品了，直接睡觉就行。

顺便提一句，橄榄油能护肤是有道理的，它含有维生素 A、E、D。这些成分能把干性皮肤变得健康润泽。

四千年前，古埃及人就使用橄榄油来美容护肤了。原因之一就是它能久存不坏。埃及人用它来防晒，你也可以这样做，更好的是，它还可以卸除粉底或眼部妆容。请使用特级初榨橄榄油，因为它的质地比较丰润。

丝质手套护肤法

如果你有真丝衣服，肯定会很爱穿，因为真丝又轻又暖，触感特别舒服。

我朋友的皮肤非常光洁，就像丝一样。我问她有何美肤妙招，她说这是从艺伎那得来的秘诀。

她用丝质手套来洗澡，除此之外，不用肥皂或其他任何洗护产品。

如果你想试试，就戴一只真丝手套（或是拿一块丝质料子也行）清洁面部、身体、耳朵、嘴唇等。我刚才说了，不用肥皂或沐浴露，只用真丝。手套用起来比较方便，手指、脚趾、耳后和鼻翼这种小地方也能洗到。

最好的方法是戴上真丝手套，淋浴的时候用它轻轻地清洁全身肌肤。

讨厌的皮脂对肌肤有害，而真丝会把它洗掉。这就是为何真

丝能让肌肤变得亮泽。就连多穿真丝衣服，都对皮肤有好处呢。

　　但是，擦洗的时候不要太用力。用力过猛的话，皮肤会变红、发干。想要效果最好的话，就用丝手套轻轻地抹拭肌肤吧。

晒后修护：牛奶与茶

如果你没有晒后修护露的话，试试这一招。

用化妆棉沾取冰牛奶，拍在皮肤上。

或是把绿茶包放在面部，让皮肤清凉下来。

这个方法不止对晒后修护有效果，还能祛除痘痘和雀斑。

你也可以用凉的绿茶包当眼膜，舒缓疲惫的眼部肌肤。冬天，皮肤可能变得又干又粗糙。你可以把牛奶加到热水里来浸浴，皮肤会变得滑溜溜哦！

用茶匙做脸部按摩

用茶匙做脸部按摩?

在日本的电视节目里,我看到一个女生拿着把茶匙在脸上拍来拍去,不晓得这是在干嘛。她解释说,这能让面部肌肤看起来很健康,气色很好。

用茶匙轻拍面部,能让毛细血管收缩。

1. 握住茶匙把。

2. 从面部中间往四周有节奏地轻轻拍。

3. 从下巴到额头,重复同样动作。

4. 轻拍 3 分钟即可。

这会令毛细血管收缩,氧分子再度在血液中畅行起来。因水肿或缺乏睡眠导致的苍白面色会消失不见。

黄瓜片护肤法

我依然记得母亲做黄瓜面膜的样子。她告诉我，这是最好的保湿方法。这一招真的很有效果，能让你重新变得神采奕奕，特别是肌肤疲惫苍白的时候。

只要切几片黄瓜，贴到脸上，然后躺好就行了。

黄瓜片对消除眼部浮肿也很有效果。闭上眼睛，在眼睛下方各贴一片黄瓜，10～15分钟，你也趁机休息一会儿。

（尝试之前，先在胳膊上贴一片，看你是否过敏！）

有机护肤 DIY

母亲和祖母的脸上没有老年斑，也没有皱纹。我一直想知道为什么，因为她俩从来不用任何昂贵的化妆品，我母亲的化妆品也只有粉底而已。

至于我，在加州生活到 40 岁后，我的皮肤出现了严重的问题。这里的日晒很充足，空气干燥，风也很烈。

我的皮肤变得干燥了，脸上长了好多皱纹和斑点。我觉得自己的模样比真实年龄老了 10 岁。

我试了很多化妆品，花了一大笔钱，情况却没有任何改善。

于是，我去问母亲是怎么做的。她说，她是用自家小花园和厨房里的东西做润肤露的。

我也开始如法炮制。三个月之后，我脸上的皮肤好多了。

人们问我用的是什么，我总是回答："有机护肤品哦！"

以下就是我的自制秘方。我给出的都是精确的配比，有时某些成分的量比较少，你做的时候，多一滴少一滴都没关系，保持差不多相同配比就行。

迷迭香祛皱润肤露

这款化妆水中含有熊果酸（ursolic acid），昂贵的护肤品使用这种成分来除皱。

1. 取 100~150 毫升外用酒精放入塑料容器中，加入一枝迷迭香，把盖子拧紧，放置两到三周。每天摇晃一次，溶液会变成深绿色。

2. 取 6 毫升的上述绿色液体放入容器中，加入 3 毫升甘油和 120 毫升蒸馏水，摇匀。在冰箱里放置一天。

芦荟润肤水

这款润肤水能滋润干性皮肤。

1. 摘一片芦荟叶子，中等大小或小点都行。削掉尖刺，切成大约半厘米大小的方块。

2. 放到罐子或塑料容器中，加入 50 毫升的蒸馏水。

3. 用之前把它放到冰箱里冰镇几天。

清酒润肤水

这款润肤水也是滋润型的。用化妆棉片蘸取，轻拍皮肤，每处拍 3 次。

1. 取 200 毫升凉清酒，加入约 800 毫升蒸馏水。

2. 在冰箱里放置几天。

用自制护肤品之前，先别急着在全身或全脸上使用，要在手上先试用一下，确保自己没有任何过敏反应。这些自制用品最好在两到三周之内用完。

排毒养颜的醋水

有一次，去看望我姐姐的时候，我发现她早上多了个习惯：喝醋水。

听她说，醋水能让皮肤变得光滑，对消化也有好处。

我跟以前的高中同学谈起这个，她说如今在日本这很常见，她也喝的。她不太喜欢醋的味道，所以她用的是苹果醋，而非米醋。

醋水怎么做？只需用 1 份醋兑 7 份水就行啦。

第六章

家政女王

　　我经常想，在居家清洁方面，美国和日本之间最大的差异恐怕就是清洁剂的数量和品种了。

　　去看望美国的婆婆、小姑子、姨妈或朋友的时候，我发现她们的橱柜里塞满了瓶瓶罐罐的清洁液和清洁粉，擦什么的都有：玻璃窗、地板、瓷砖、马桶、炉灶、不锈钢、地毯、家具、电脑……不一而足。

　　其中还有些"全新"或"改进型"的产品，属于万能清洁剂，哪里都能擦。

　　有那么一段时间，我也很喜欢尝试各式各样的清洁用品。

　　但是，在日本我母亲的家里，是没有外头买来的清洁剂的。

　　她把"物尽其用"的原则应用到每个角落。她会用淘米水来擦硬木地板，用米糠给家具上光，用湿衣服和报纸擦玻璃，用绿茶叶子打扫浴室的瓷砖。

过了一阵子之后，我在美国的家里也用了母亲的方法，我称之为"温和清洁法"。

我喜欢这种方法。手上的皮肤不再干巴巴的，而且家里也没有刺鼻的化学品味道。

使用这些天然的东西，我们家也一样干净，而且还省钱。

不仅如此，所有经下水道排放的生活废水，最终都会流到河道里去。我的感觉好多了，因为我没有把可能含有毒素的化学品冲下去，这也算是对洁净地球的贡献吧。

从长远来看，我认为这是一种有意识且温和的环保行为。

日常用品有妙用

大扫除的时候，若要尽可能地打扫干净，趁手的清洁工具必不可少。

绝大多数人会在扫除之前采买工具。但是，仔细看看家里的日常用品，你会发现很多用旧的东西都能拿来做清洁：

- 旧衣物：拿来擦擦抹抹，各处都适用。
- 橡胶手套：清理地毯上的头发、灰尘和线头。
- 牙刷：轻松扫净各种小缝隙。
- 洗碗海绵：特别适合擦窗台或玻璃移门的滑轨。
- 毛巾：擦除蜘蛛网。
- 橡皮筋：用它来擦遥控器按钮之间的缝隙，很好用哦。

地毯清洁很轻松

使用天然的清洁品,可以轻松去除地毯上的污渍。

● 红酒渍:趁红酒渗进去之前,马上拿干布轻拍,尽量把酒液吸出来。然后在污迹上放一小撮盐,盐会把红酒吸掉。过一会儿之后,用吸尘器把盐吸走就好了。

● 黑点:拿一块热的湿布捂在脏的地方,然后放一片柠檬上去,柠檬有漂白的功效。

● 口香糖:把冰块放在上面,等一两分钟,口香糖变硬之后就可以轻松揭下来了。

● 头发或灰尘:戴上橡胶手套,在地毯上拍打,这些东西很容易就被吸附起来。

● 凹痕:比较重的家具会在地毯上压出凹痕。用蒸汽熨斗在凹痕处来回走几遍,然后把地毯的纤维轻轻刮正。

香蕉皮可别扔

下回吃香蕉的时候，皮可不要扔掉哟。

香蕉皮可以用来给家具、鞋子、皮手袋（无论什么皮都行）上光。

先用布把表面的灰尘擦干净，然后用香蕉皮的里面来擦，最后拿块干净的抹布来回擦蹭就行了。

香蕉皮里含有鞣酸，皮革里也有，所以它能让鞋子和包包恢复光泽。

吃完香蕉，把皮用掉。你吃得很健康，鞋包也干净又闪亮啦。

用醋来清理水槽和马桶

　　如果你想把厨房水槽擦得亮亮的，我推荐你用醋。我的牙医叮嘱我，要定期用白醋清洗牙齿固位器，所以我就在小杯子里倒点白醋，把它放在里头泡着，每隔三天换一次醋（我已经坚持了15 年啦）。当我把用过的醋倒进水槽的时候，我发现下水口的铬环变得亮晶晶的。

　　很久以来，日本人一直使用醋来做清洁。以下是一些建议。

　　● 它可以清除厨房水槽或洗脸池表面的油腻。

　　● 清洁并消毒切菜板。把 5 份水和 1 份醋兑在一起，喷在菜板表面，可以杀菌。

　　● 用海绵沾上醋，清洁浴缸里的污垢。

　　● 用 3 份水和 1 份醋兑匀，把抹布充分沾湿，然后擦地板。

纯天然地板蜡

多年来，我一直用化学清洁剂，自打我开始为写这本书做研究之后，我就开始转用纯天然材料。

比如说，给地板打蜡的时候，别再用地板蜡或其他化学产品了，试试下面这几样东西，你会惊喜地发现，地板会变得亮晶晶的！先把地板拖干净，然后拿抹布、海绵或是拖布沾取这些"地板蜡"，给地板上光吧。

● 绿茶水：把喝剩的绿茶叶子加水再煮一下。把茶叶滤走，把茶汤放凉，再兑点凉水进去。

● 淘米水：就是淘米剩下的水。

● 过期牛奶：盒子上的保质期过了，可以拿它来拖地。

● 汆烫蔬菜的水：做饭时汆烫绿叶菜或煮土豆的水都可以拿来用。

用旧报纸擦玻璃

最好趁多云、湿度比较大的时候来擦玻璃，此时空气中含有水分，玻璃更容易擦净。

市面上有很多化学合成的玻璃清洁剂，但从我的经验来看，普普通通的报纸效果最好，用不着买那些化学制品。

把一张报纸沾湿，团成一团，然后用画圈的手法擦玻璃。之后，团一张干报纸，重新把玻璃擦干。如果你想要更完美些，在湿抹布上蘸点盐，来擦窗户框。晶莹闪亮的效果会把你吓一跳哦。

腈纶抹布

你听说过腈纶抹布吗？

有次我坐在东京的咖啡店里，邻桌坐着 4 位中等年纪的家庭主妇，正拿着几块编织而成的小东西议论，说真好用。这小东西是其中一位主妇亲手做的，拿来分送给另外几位。

一开始，我不知道那是什么东西。

后来才知道，原来是用腈纶纱线织成的洗碗布！我在日本的家人也用这种东西。

这种抹布非常环保，可以用来洗碗碟、擦水槽、灶台或浴缸。最重要的是，它不用肥皂，只要用水沾湿拿来擦就行了，污迹就不见了。

这个过程中没有使用化学物品，因此你保护了家里的环境，而且用水量也少了。

由于腈纶纱的纤维非常细，所以清洁效果特别好。擦洗的时候请使用热水，纱线纤维把灰尘和污垢擦净，而热水可以增强杀菌效果。

　　除了非常油腻的脏盘子之外，几乎所有东西都能用它擦干净。稍微有点油的碗盘也能洗干净的。

　　这种抹布在店里有卖，但织起来也很容易。从毛线店里买来腈纶纱，或是从旧毛衣上拆出线来。插图中给出了编织方法。

天然清新剂

　　想要去除房间异味的话，用不着特意去买空气清新剂，很多天然的东西都能起到同样功效，以下就是"绿色"除味法：

　　● 咖啡渣：把冲泡过的咖啡渣留在滤纸里，放到小盘子里晾干。干了之后，把滤纸顶部用订书器订起来。这个咖啡渣包包可以放在鞋子里或是冰箱里除味。

　　● 柠檬：把柠檬皮切成小块，放到垃圾桶底。

　　● 醋：锅中放入大约200毫升醋，煮沸，直至全部挥发，这样可以清新空气。

　　● 木炭：觉得哪里有异味，就把木炭块放过去。木炭可以吸收异味。

　　● 湿毛巾：用湿毛巾擦拭布料或器物表面，可以去除烟味。

　　● 洋葱：把洋葱切成八瓣，放在桌子上，可以去除强烈的油漆味。

小毛巾有大用

其实，一条毛巾就能胜任所有的"温和"清洁工作。

用不着额外的收纳空间，也用不着花钱去买专门的清洁布。

想打扫的时候，抓起毛巾就开始干活吧。

擦、刷、抹、上光。

以前，人们都是只用一块布来做扫除的。

如果你每天拿出 5 分钟来，用毛巾各处擦擦抹抹，真的可以做到各处一尘不染呢。

多简单啊。

意想不到的防雾妙品

洗热水澡的时候,浴室镜子是不是蒙上了一层白雾?我通常用毛巾或纸巾把它擦干净,可后来我发现了最根本的解决办法——从一开始就防止镜子起雾。

切一片土豆,在镜子表面擦拭。土豆里有水分,留在镜子上的淀粉质能吸收湿气。

这次,洗完澡出来的时候,镜子还是干干净净的,你能清楚地看见自己哦。

便宜又好用的清洁粉

小苏打很便宜，清洁效果也很好。

● 清洗衣物上的油渍，撒在湿衣服上就行。

● 取 3 份小苏打，加 1 份水，调成糊状，用它来擦洗银器，然后用温水冲净即可。

● 放在猫砂盆里除臭。

● 给狗狗洗澡的时候，往它身上撒一点，搓洗冲净，可以去除"湿狗"味儿。

● 热水里加入小苏打，可以清洗用了很久的食品瓶罐，如果味道还没除净，就把罐子泡在小苏打水里过夜。

第七章

阳光下的蓬松清香

在美国，我没见过有人把衣服放在室外晾晒。

每次回东京，我都能看到院子里或阳台上晒着各式各样的衣物——汗衫、连裤袜、底裤、胸罩——都是私密衣物。坐城铁的时候，从车窗里就能看见这些。

摩天大楼、高科技的轨道交通、能当信用卡用的手机、复杂电脑系统操控的智能家居，这一切早已融入了日本人的日常生活，可人们依旧坚持着某些旧式生活习惯，比如把内衣晾到室外，人人都能看见。

这是对性的公开展示吗？

把衣服晾在室外，这跟社会经济因素毫无关系。无论贫富、大宅子还是小公寓、年轻人还是老人，绝大多数人都会这么做——即便家里有干衣机。

为什么？我猜大家更在意能源，或是喜欢阳光吧。

受室外晾衣的启发，人们想出了许多创新想法：

● 用快干型布料做衣服、毛巾、床单和袜子。

● 能够抵抗强风的轻型耐磨纤维。

● 各种式样和大小的衣夹。

● 特殊配方的洗衣皂，供那些白天上班、晚上洗衣、只能趁睡觉时把衣服晾在室内的人使用。

● 抗皱衣物。

如果你从没在室外晒过衣服，一开始的时候可能会有点不好意思。

挑个阳光灿烂的日子，大胆尝试一下。晾几件大件的衣物，比如牛仔裤或大浴巾。这种衣物让人感觉挺好的。坚持一两个月，看看你省了多少煤气费或电费吧。

小小一步，能大大节约能源呢。

手洗六式

要是想让矜贵衣料穿得长久，你最好学会手洗。

手洗不会损伤衣物。

祖母教了我 6 种手洗衣物的手法：

1. 按：用手掌在衣服上来回按压，能够让衣物上的灰尘浮起来。

2. 挤：抓住衣服两头，往中间挤压。

3. 搓：抓住衣物来回搓洗。

4. 衣服对搓：洗衬衫领子或袜子的时候，把它对折起来，让布料对着搓洗。

5. 拍：洗娇贵衣料的时候，把衣服放在一只手掌上，然后用另一只手轻轻拍打。

6. 漂：洗真丝的时候，把衣服对折，用指尖抓住衣服在水中上下左右来回漂洗。

臭袜子怎么洗

清空洗衣筐的时候，筐底很可能会惊现几只臭袜子哟。

在水中加入半杯醋，把臭臭的袜子放进去泡 30 分钟，然后用小苏打和洗涤剂来洗。

如果你想漂白，拿半个柠檬榨出汁来，兑上热水，把袜子放进去泡着。

就算是运动员的臭袜子，也能洗得干干净净的，亮白又清香。

为了不弄错成对的袜子，用大大的安全别针把一双袜子别起来就好了。

去除毛球

就算是质地很好的毛衣，穿过洗过多次之后，也会起很多毛球，特别是在洗衣机里洗过之后。

你可以从根本上避免毛球形成，万一有了毛球，也可以把它们除掉。方法如下：

● 把毛衣翻个面再洗；

● 用宽胶带在毛衣上粘一遍，然后用剪刀把粘起来的毛球剪掉；

● 拿一块干的洗碗海绵，用粗糙的那一头在毛衣上来回擦几遍。我试过，效果惊人！

以上的几种方法都特别简单，而且见效特别快，很快毛衣看上去就焕然一新了。

天然方法亮白衣物

如果白色的衣物变黄了，可以用柠檬让它们恢复净白。

把衣物浸泡到热水里，取一整只新鲜柠檬，把汁挤到水里。让衣物浸泡过夜。

到了早晨你会惊喜地发现，衣物上的黄迹子就不见啦！

洗衣前的准备

1. 把白色和彩色衣物区分开, 把内衣跟床上用品、毛巾一起洗。

2. 把娇贵的衣服（胸罩、女生的衬衫、真丝衣服等）装进洗衣袋。

3. 首先把洗衣机放满水, 然后加洗衣粉或洗衣液, 最后再放衣服。这个顺序很重要哦。洗涤剂会均匀地溶解, 衣服能够得到"平等对待"。

4. 最重或最脏的衣物应该放到最底部, 这里的水压更大些。

5. 为了防止衣物起皱, 干衣的时间要短些, 然后趁它们还潮湿的时候就取出来, 挂起。

如何叠衣服

有人教过你衣服该怎么叠吗？

反正没人教过我，我是自己摸索的。

有一天朋友从日本给我发过来一封电子邮件，她让我看一个相当特别的叠衣方法。她说，用这个方法叠衣服，你能节省一半时间，而且衣服也不会起皱，叠出来的样子漂亮极了！

我试了一下，真不错。

你可以用这个方法来叠长袖衬衫、T 恤和毛衣。网上有很多示范的视频，一搜就能找到。

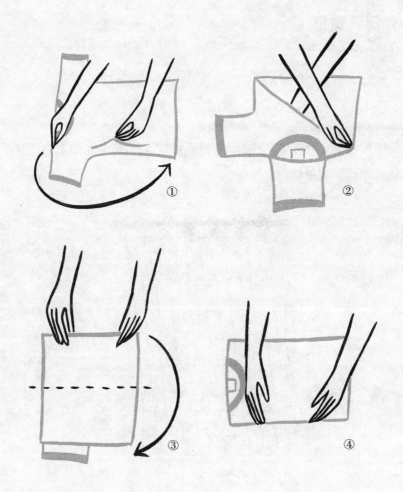

如何洗窗帘

用不着把所有的窗帘都送到干洗店去。如果你知道该怎么做，自己在家就能洗。

● 白色薄窗帘：取半杯洗衣粉、半杯小苏打混合起来，用"轻柔档"洗。

● 厚窗帘：只洗脏的地方就行了。把小苏打跟水按照一比一的比例调成糊状，涂抹在污迹上，让它自然晾干。然后把小苏打刮掉就好了（糊糊会把脏东西吸附掉）。

● 白色蕾丝窗帘：在洗衣盆里盛半盆水，放半杯醋和3茶匙盐。把窗帘放进去，浸泡1小时，然后过水洗净。最后，放进洗衣机，加入洗衣粉，用"轻柔档"洗。切勿使用干衣机。把窗帘挂回原位即可，很快就能干透，而且不会起皱，看起来就像专业洗衣店洗的一样！

防止衣物掉色

你有没有把彩色衣服跟白衣服一起洗过？

把衣服从洗衣机里拿出来的时候，原先的白衬衫变成了粉色或淡蓝。

你觉得这件衣服再也不能穿了。

有个办法可以让彩色衣服跟白衣服同洗。彩色衣服第一次下水洗的时候，先仔细看看洗涤标签，看它会不会褪色。

洗衣机里放好水后，加入 3 茶匙盐，再加入洗衣粉。

盐会防止衣物掉色。

有机柔软剂

你洗衣服的时候加柔软剂吗？

把衣物变得柔软，这是个好主意，特别是家里有孩子或有人生病的时候，穿柔软些的衣服会让他们感到更舒适。

但是，从商店里买来的柔软剂未必有这么好的功效。那些产品不是纯天然的，而且含有化学成分。

咱们换成有机的柔软剂吧！其实就是醋哦。

漂洗衣服的阶段，往水里加3茶匙醋。

你的衣服会变得柔软蓬松，而且一点没有醋味。

你会爱上这个方法的！

用晾衣盘把衣服晒出去

如果你想省电或煤气，就把衣服挂出去晾晒吧。

在日本，我们用一种非常好用的晾衣盘，它是专门挂在晾衣杆上的，结构很紧凑，也很方便拿出拿进。这东西是方形或圆形的，上边挂着很多衣夹，一般来说可以挂 20～30 件衣服。夫妇二人只需一个就够了，全家大概需要用两个。

用晾衣绳和洗衣店送的铁丝衣架也很方便。

以下是几条室外晾晒的小贴士：

● 阳光灿烂的大晴天里，要把衣物反过来晾晒，免得褪色。

● 用衣夹把成对的袜子夹起来，挂到塑料衣架上，再挂到晾衣绳上。

● 用铁丝衣架来晾 T 恤，挂到晾衣绳上，这样会干得很快，而且皱褶少。

● 用晾衣盘来晒衬衫，多用几个衣夹，夹住衬衫领子，这样空气能来回流动，很快就干了。

● 把床单按对角线挂在晾衣绳上，布料里的水分会从三角形的尖儿那里滴下来，干得更快。

衣物快速分类法

以下是把衣物快速分类、节约时间的最好方法：

第一步，用大衣夹把洗衣袋夹在洗衣筐上。

第二步，每个洗衣袋装不同类型的衣物：袜子、内衣、娇贵衣服、彩色衣服。跟家人交代清楚，哪个袋子放什么。

第三步，洗衣服的时候，把袋子拉链拉上，扔进洗衣机里就行了。再也用不着到处找另一只袜子跑哪儿去啦。

洗衣袋有大中小号，所以几乎任何衣服都能洗。

第八章　物尽其用

引言

全世界的人们都开始重新思考，该如何利用咱们这个星球上有限的能源。

在日本，"sai"这个字随处可见，意思是回收与再利用。

如今，各地的人们比以前任何时候都更关注环境问题了。

祖母会说一个词，我的母亲和其他老一辈人也会这样说：mottainai。就连我也经常用这个词。它的意思就是物尽其用，不要浪费，把物件的所有价值都发挥出来。

如今，mottainai 这个词已经成了日本赠送给世界的一个环保词语。

肯尼亚的环保人士旺加里·马塔伊（Wangari Maathai，2004 年诺贝尔和平奖的获得者）已经把mottainai 的含义提升成了"节约、回收、再利用"。

我母亲是个物尽其用的超级能手。她现在还留着家人的旧衣物，有我父亲的、过世祖母的，甚至还有我年轻时穿的。

她用这些旧布做成"擦地拖鞋"：把旧布裁成方块，一层层叠起来，然后把三个边缝上，脚可以从余下那一边钻进去。她年纪越来越大了，弯腰擦地板很困难，穿上这种擦地拖鞋，慢慢一边走一边就把木地板、榻榻米或塑料地板擦干净了。

物尽其用的准则让你认真思考如何才能不浪费，如何重新利用。

日常生活中，很多很多东西被我们用过之后就扔掉了，还有些旧物存放在柜子或车库里，一放就是几个月，甚至几年。

或许，我们应该仔细想想，这些东西该怎么处理。能不能把它们利用起来？或许你能找到自己的回收与再利用的方法。

铁丝衣架

干洗店总是会附送铁丝衣架，重新利用的方式有很多——

● 晾球鞋：抓住衣架两头，往上弯折，就可以把球鞋或拖鞋套上去晾晒了。

● 晒枕头：拉住衣架底边的中心点，向下拉开，衣架就变成菱形了。做两个这样的菱形衣架，把枕头放进空档里，调节衣架之间的距离，让衣架吊住枕头的两头，这样就可以晾晒枕头，让它恢复蓬松。

● 晾裤子：找一根铝箔或保鲜膜中间的那种卷轴，把一侧从头到尾切开，再把衣架底边的铁丝套进去，就可以把裤子搭在卷轴上晾了，裤腿上不会起皱。

● 晾幼儿的小衣服：这次要把大衣架变小。用尖嘴钳子夹住衣架右侧的弯头，向内弯折，形成一个尖头冲左的横 V 字形。另一边也如法炮制。

● 晾牛仔裤：大晴天里，用这个方法来晾牛仔裤吧！把两个铁丝衣架的挂钩拧在一起，然后把两个衣架轻轻掰开一点距离。把牛仔裤挂在这个"双衣架"上，这样裤子能够撑开，空气可以自由流动，而且牛仔裤不容易缩水。

● 挂湿帽子或比较轻的雨衣：把衣架两头往上弯折成 90 度。把衣架挂在车库或门背后的钩子上，就可以很方便地在雨天里挂湿衣服了。

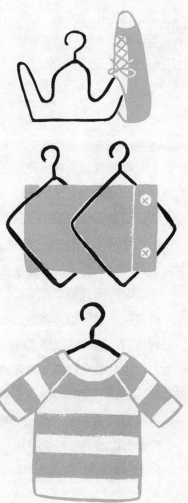

铝 箔

如果家里有昨天吃剩的炸鸡，你怎么热它？

放进微波炉？没错，这样的确很简便，可炸鸡的皮就不脆了，会变得油腻腻的，又湿又软。

你只需把炸过的食物放在铝箔里裹起来，放进烤箱加热即可，肉会没那么油，皮也会更酥脆些。

家家都有剩菜。下回用铝箔热剩菜的时候，别把它扔了。一般来说，它可以用两次（如果不是太油腻的话），所以把它放在烤箱里，留待下次使用吧。

还有一个利用废铝箔的方法：

铝箔可以瞬间把刀或剪子磨快。你只需把铝箔叠成三层，然后用刀或剪子把它切（剪）上 8~10 下。铝箔是金属，它会把你的钝刀刃磨得像新的一样。

或者把废铝箔揉成小球，用它来擦炉灶头上的油腻（千万别擦光滑的灶台啊）。很轻松就擦干净了，一点不费劲。

多简单，多实用啊！

磨剪刀

有机染料：给衣服换种新颜色

　　如果你看厌了某件衣服的颜色，或是白料子看上去黯淡发黄，你却依然很喜欢它的样式，有个简单的解决办法：给它重新染色！旧衣服或旧布料会焕然一新，效果惊艳哦。

　　当然了，你可以去买专门染布的染料，但你也可以从厨房或你的环保小花园里得到染料呢。

- 深棕色：咖啡
- 红褐色：红茶
- 黄色：藏红花
- 粉色：樱花、玫瑰
- 紫色：紫洋葱的皮
- 淡棕色或黄色：肉桂
- 淡蓝：栀子花
- 淡绿：抹茶（绿茶粉）

以下就是这些环保染料的用法：

1. 把染料放进水中，小火煮约 1 小时。

2. 把衣服放进染料水中，同样小火加热，浸泡 15～30 分钟。

3. 经常搅动，防止上色不均。

4. 查看颜色是否均匀，然后把衣服彻底洗净。

5. 洗过之后，把衣服放进装有明矾水的盆中（帮助固色），浸泡 15～20 分钟。

6. 把衣服再过水洗一遍，挂到阴凉处晾干。

巧用塑料瓶

塑料瓶子（尤其是矿泉水瓶和1升装的汽水瓶）真是随处可见，只用一次就丢掉实在是太浪费了。塑料瓶子有很多用法哦：

● 在早前的章节中，我提到过汤婆子（用来暖脚的热水瓶）。如果你买不到，就自己做一个吧。（暖脚效果超好！）把热水灌进塑料瓶，把盖子拧紧，然后用毛巾把瓶子包严实。天冷的时候，你可以把它放在脚边、肚子旁、胳膊旁边，睡觉时你想暖和哪儿，就放在哪儿。它能让你一直到早上都暖暖和和的，踏踏实实地睡个好觉。瓶子里的水也可以重新利用，比如浇花。

● 拿一个普通大小的塑料瓶，从中部横

切开，上半截倒过来就是个漏斗。比如用
它把药片挪到另一个容器里。

● 同样的做法可以做成简易手纸盒，
放在车里用。把塑料瓶的底部切掉，拿一
卷用过一半的卫生纸放进去，把纸头从瓶
口处拉出来，用多少就拉多少。这样一
来，不会一次拉出太多，而且手纸也不会
落灰。

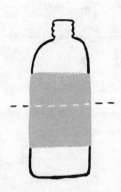

● 找个透明的塑料瓶，从中间横切
开，下半部分可以拿来育苗。在里头装上
土，种一棵蔬菜或花。穿上线绳，把它挂
起来。你可以清楚地看到土壤的干湿状况。

● 锻炼的时候，用装满水的瓶子当
额外负重。跑步或健走的时候，拿着瓶
子。渴的时候还能有水喝。

● 把冷冻玉米豆或混合蔬菜装到透
明的佳得乐（Gatorade，运动饮料，瓶口
比较大。——译者注）塑料瓶里。你很容
易看出还剩多少，而且立着放的瓶子很容

易归类存放，比摞起来的塑料袋强多啦。

● 找个透明的大塑料瓶子来装米。你能看得见余量，而且瓶盖能避免生虫。

● 把干猫粮装进塑料瓶，随便多大尺寸的瓶子都行。给猫咪倒食的时候会很省劲，免得每次搬举又大又沉的袋子。

环保园艺

喜欢种有机蔬菜吗？

有很多安全、简便、环保的园艺方法，用不着化学肥料。

喝过红茶、绿茶或咖啡之后，茶叶或咖啡渣不要丢掉。你可以把它们放在花盆或地里当肥料用，滋养你的花草蔬菜。只需把剩茶叶和咖啡渣倒在植株附近就行了，等着看花盆里生机盎然的盛况吧。

此外，你还可以把煮蔬菜或煮蛋的水放凉之后浇花。水里残留的蔬菜或蛋里的营养成分能使土壤变得更肥沃。

别忘了，鸡蛋壳对植物也很有好处哦。把它们碾碎后洒在土壤表面。

花草长虫子了怎么办？

● 鼻涕虫：撒点盐上去，它会化掉。

● 蚜虫：往叶子上喷洒牛奶。

● 蚂蚁：用肥皂水喷洒。

橙皮有妙用

下回吃橙子的时候，把皮留下。橙子皮的多种用途会让你大吃一惊：

● 把橙子皮沾湿，擦洗油腻的盘子。盘子会变得干净又闪亮。

● 洗过碗碟之后，用橙子皮来清洁水槽和水龙头，果胶会给水槽添上一层保护膜。

● 给家具上光。

● 用纱布把橙皮包起，放到洗澡水里。维生素 C 和 A 能让皮肤变得光洁润泽。

● 把橙皮切成小薄片，做成果酱。

● 做香包：把橙皮放到报纸上，摊开晾干，直到变得干硬。然后把它们装进棉布小袋，挂在房间里。异味会消失无踪。

● 清洁榻榻米或竹坐垫：把橙皮放到水中，煮约 15 分钟。用抹布沾此橙皮水，能把榻榻米或竹子坐垫擦得干净又清新。

● 取几片干橙皮放到微波炉里，加热 1 分钟。炉内的味道会变得清新好闻。

● 把干橙皮放到水里煮 15 分钟，这个水可以用来擦玻璃。

● 鱼或垃圾在厨房里留下难闻味道时，切几片干橙皮放到盘子里，放在台面上就行了。味道会无影无踪，只留下清新。

纸轴的回收利用

铝箔或保鲜膜的盒子里面有一根硬纸轴，这些东西用完之后，纸轴也能派上用场：

● 当擀面杖：往饼干面团上撒点面粉防粘，就可以用它来擀面团啦。

● 当饼干模用：把纸轴竖过来，在擀好的面饼上印下去，就切出了圆饼干。

● 收纳剩余的礼物包装纸：把包装纸在纸轴上卷紧，用橡皮筋扎起来。如果包装纸太长，可以把两根纸轴接在一起用。

● 收纳奖状和证书：把孩子和家人的纸质奖状在纸轴上卷紧（塞到纸轴里面也行），免得折皱了。

一次性筷子

一次性筷子是用木头做的。如果你在亚洲的超市里买了快餐和小吃，就会拿到这种筷子。亚洲餐馆里也是一样。

可那么多一次性筷子用完就扔掉了！日本一家造纸公司的报告显示，回收 6 双一次性筷子，足够做一张复印纸，200 双可以做一本周刊杂志，300 双则能生产出 500 张面巾纸！

一次性筷子有很多再利用的方法，以下就是一些日本人的惯用做法：

● 挤牙膏器：把筷子切成两段，把快用完的牙膏尾部夹在中间，再用皮筋把筷子棍两头绑好，往牙膏口卷起就行了。你的牙膏可以用的一点不剩哦。

● 简易马桶刷：马桶里的小缝隙很难擦洗干净。找一小块旧布头裹在筷子头上，用皮筋扎好。喷上马桶清洁剂，用它去清理边边角角吧！

● 园艺标签杆：花种撒下去之后，拿一根筷子，轻轻戳穿种子袋，把它套在筷子头上。然后把筷子另一端插进泥土里。盆里种的是什么就一目了然啦。

咖啡渣有妙用

很多人天天喝咖啡，在家喝，上班也喝。

我的朋友玫兰妮每次都会把剩下的咖啡渣打包带回家。

我很好奇，不知道她打算怎么用。"做堆肥呀！"她说。太环保了！

以下是咖啡渣的一些用途：

● 做堆肥。

● 直接撒到土里当肥料。

● 防虫：蚂蚁不喜欢咖啡，把咖啡渣撒成一道线，它们绝对不会越过这道防线。

● 洗掉锅碗上的油脂：煎锅里总会留下一层油脂，你肯定不想把它冲到下水道里，而咖啡渣可以吸油，所以很容易就能把锅洗干净了，而且洗洁精也因此用的更少而更环保。

● 清洗油腻的塑料容器：用咖啡渣擦洗，黏黏的油腻就没啦。

旧衣服

每一年都有新款衣服推出，就算我们并不需要，也还是会买。我们喜欢新颖的色彩和设计。可旧衣服怎么办？买了新衣服，衣柜里就得腾出地方来，不然柜门都关不上了。

我开始跟朋友们换衣服穿。每年两次，我们带着旧衣服、新衣服、从未穿过的衣服到对方家里串门。大家挑出适合自己的，余下没人要的那些就捐给慈善机构。

因此，过去几年里，我几乎用不着买新衣服了，从朋友们"不要"的衣服里，我总能挑出自己喜欢的。

其中有一个朋友比我年轻好多，所以她每年都会买时髦的衣物。我挑到的衣服比当下正流行的会过气一些，但我用不着天天出门上班，所以关系不大。我喜欢这些不同风格的衣装，穿过一阵子之后，我就把它们捐给好意超市（Goodwill）或救世军（Salvation Army）等慈善机构。

我丈夫会穿儿子们的旧 T 恤、上一季的毛衣或卫衣，所以他也很开心地当个潮爸。

T 恤或卫衣旧了之后，我就拿它们当罩衣用，染头发时罩住肩膀和脖子。我也会把它们当睡衣穿，或是做园艺或大扫除时的工作服。

等到最后，布料磨得真的很薄的时候，我就把它们裁成小块，擦浴缸和马桶。最后再把它们丢掉。

旧袜子很适合拿来擦灯泡，旧浴巾可以改成浴室防滑垫。大小随你改，而且很容易洗也很容易干。

这样一来，旧衣服和旧毛巾可以用上好多年呢！

旧杂志和旧日历

有一年我生日的时候，收到的礼物是用印着猫咪的纸包装的。这是个喜欢小动物的朋友送的，她拿旧的日历纸做成包装。她知道我爱猫，所以我觉得这包装纸可爱极了，而且她给我准备礼物时显然很用心。

母亲从日本给我寄东西的时候，总是用日本的报纸包起来。等东西到了美国，这些报纸都已经是几周之前的了，可由于我在美国看不到东京的报纸，报纸上的广告或地方新闻总是能唤起我的思乡之情。

在家里四处找找，你肯定能找到各式各样的包装纸。

如今的杂志都有特别漂亮的彩页，印着摄影和艺术作品，你可以把它们做成卡片和信封，也可以当包装纸用。

去国外短途旅行时，用当地语言的报纸来包礼物就很不错，而且还能保护礼物。

杂志封面和旧日历的纸质更厚实，撕不破，很适合拿来包书皮。

旧电话簿

每年我们家都能拿到一本新电话簿。

有了新的，旧的也别扔掉，可以拿来保护地板或架子搁板。

你可以把旧电话簿放到厨房橱柜或车库里，拿来垫油瓶或会滴水的东西，免得弄脏搁板。我在橄榄油瓶底下就垫了一本。最顶上一张湿了或油了之后，只需把上面几张撕掉，瓶子底下又干干净净的啦。

鸡蛋盒

　　冬天去姨妈家里做客时，我发现厨房台面摆着的鸡蛋盒里钻出了嫩绿的叶子。就这么小小一点绿意，却令寒冬变成了煦暖的春日。

　　每次买鸡蛋都会附带盒子。有没有重新利用的办法呢？

　　以下就有几个：

- 用它来育苗，小苗长大之后再移植到花盆或地里。
- 拿来当珠宝盒，放耳环、手链、项链或戒指。
- 画画或修补边框的时候，可以用它来盛放颜料。

　　另外，这东西装高尔夫球也很好用呢！

第九章

家门外的绿意

绿色生活不仅限于家里，在公共场合更为重要。

有的人可能会觉得，不必为自己在家门之外的行为负责。

伊丽莎白·罗杰斯（Elizabeth Rogers）与托马斯·M. 考斯金（Thomas M. Kostigen）合著的《绿色生活指南》（ *The Green Book* ）中说，美国白领平均每人每年要用掉 1 万张复印纸。按总数算的话，每年消耗掉的纸张多达 2100 万吨，超过 4 万亿张。这是个庞大的数目，需要砍伐大量的木材，因此，很多白领开始采取措施，避免浪费，比如双面使用打印纸，或是在废纸上记备忘。

在日本，政府实行了"清凉商务"和"温暖商务"的节能政策，节约办公场所的空调费用。男士们不必在夏天穿西装打领带，屋内空调温度定在 28℃；冬天，大家都穿得更暖和些，空调定在 20～22℃。几年之后，人们渐渐习惯了这个准则，很愿意配合执行了。

买东西的时候，人们随身携带环保袋。其实，这是对有数百年历史的"风吕敷"的创新利用。风吕敷就是一块简简单单的正方或长方形的布，用来携带、包装并保护诸如礼物、饭盒、书籍等物品，系法多种多样。这件传统的物品被赋予了全新和现代的设计，日本的年轻人觉得这非常时尚——曾经的旧传统再度复苏了。

出门的时候，随身带块手帕，这样简单的一个举动，就可以节省很多纸巾。上班上学或是出门远足的时候，从家里自带随身用品，这个习惯看似简单，却是个节约资源的好方法呢。

使用风吕敷（环保袋）

风吕敷是个绝佳的环保生活用品。

它是一种传统日式的包袱布，一般用来包衣服、礼物或其他东西。形状是长方的，尺寸通常是 45 厘米宽，68～72 厘米长。

在江户时代（1603—1867），人们开始使用风吕敷。去公共浴池的时候，人们用它把毛巾、肥皂和衣物包起来。用布把这些零碎包好，就很容易随身携带了。顺便提一句，"风吕"就是洗澡的意思。

也是在江户时代，城镇时常遭受火灾。万一碰上紧急疏散，市民可以用风吕敷来打包细软。他们会在睡前把包袱皮准备好，史书上说，人们把它掖在褥子底下，以防万一。

无论是包大件还是小件，风吕敷都极为合适。不幸的是，近几十年来，塑料袋取代了它的位置。

最近这几年，人们重新对它产生了兴趣，因为它可以循环利用。

因此，它在日本现代社会里再度流行起来。新一代的风吕敷有各种各样的材质，比如真丝、纯棉，还有人造丝或日式绉布。图案有传统的，也有现代的。年轻人还会拿它当围巾用。

下一页是常见的风吕敷系法。

上班上学，自带便当

　　如果你关心自己的体重和健康，我建议你自己带午饭。这可是非常环保的做法哟！

　　美国学校的午餐跟日本的完全不一样。美国的父母准备一个三明治、一个苹果和其他水果、袋装的点心，然后用棕色的纸袋装好，孩子吃完东西就把它扔掉。

　　日本孩子带的是用布（风吕敷）包好的便当。包装布可以铺在地上当坐垫。便当盒里通常会装 5 种颜色的食物：白色的是米饭、面条或面包（碳水化合物），绿色的是蔬菜（维生素），黄色的是煎蛋或煮蛋（油脂），红色的是一颗酸梅（矿物质），棕色的是鱼或肉（蛋白质）。缤纷的色彩意味着膳食平衡，便当盒子也不是一次性的，会重复使用很长时间。

　　从这样的饮食习惯里，孩子们懂得了饮食要均衡，不要浪费。

　　自己带饭也非常省钱。如果你每天在饭馆吃，一顿饭加一瓶饮料大概需要 15 美元的话，每个月你差不多要花掉 330 美元，一年下来就是将近 4000 美元。这笔午餐费可不少。如果你血压高或胆固醇高，你也没法控制餐馆里做菜的配料。自己带午饭就可以控制吃什么、吃多少，这对你的健康和钱包都很有好处啊。

吃东西之前用湿手巾擦手

湿手巾就是那种小小的、卷起来的湿毛巾，用来在吃东西之前擦手。

一天下来，我们会摸很多东西，可吃东西之前未必能找到洗手的地方。

所以，细菌和病毒很可能沾在手上。有了湿手巾，你可以省下水和纸巾，但手同样能擦干净。还不仅如此呢，少去公共卫生间，接触细菌的次数也会减少。

日本人吃饭的时候一般都会用筷子，可即便如此，他们还是非常注意双手的卫生。

在美国，我们用手吃汉堡、薯条、三明治、薯片、开胃菜、炸鸡、披萨和水果，可洗手的机会不一定总能找到。餐馆一般会提供湿手巾，如今绝大多数航班上也会在提供餐点之前给乘客发一条。就连美国和欧洲的飞机也这么做了。湿手巾不仅限于餐馆和旅途中使用，日本人去野餐或去海边玩的时候，也会自己带一条。

湿手巾有两种：冷的是夏天用的，热的冬天用。

你可以用塑料袋装一条湿的洗脸毛巾，放进公文包、背包或书包里。真的很方便。

随身携带保温瓶

我小的时候，出门总要随身带个保温瓶。那时，我们还没有塑料水瓶，只能用保温瓶自己带水。

学校组织出去玩或课外活动时，我们都带着自己的饮料。

随身携带保温瓶很方便，可近些年来，人们对"方便"的看法不一样了，生活习惯改变了。渴的时候就去买个瓶装饮料，而不是从家里带水瓶，喝完之后，瓶子一丢就行了。

可最近，人们开始关心环保问题了。

出于环保又经济的原因，上班族和学生开始随身携带自己的杯子和保温瓶。

如果你每天买一瓶 1.5 美元的饮料，一个月下来，就是 45 美元。

如果你自带保温瓶，就不用操心饮料瓶的污染问题——高活性塑料分子可能会含有毒素。

　　无论从哪个方面来看，自带保温瓶都是既环保又健康的选择。

　　挑选保温瓶也是一件乐事哦，市面上有各种各样的材质、颜色和尺寸。

　　所以，带个保温瓶吧！你可以随时灌上冷水或热水。随身带着绿茶包、花草茶或红茶包，或是滴滤式咖啡包，你就可以随时随地享用不同的风味了。

使用手帕

　　"带手帕了没有？"送家人上班上学之前，日本妈妈总会这样问一句。很长时间以来，这成了日本人的生活习惯。过去很多年里，日本没有纸手帕，公共卫生间里也没有干手机，因此手帕就成了出门必备的东西。此外，手帕的"绿色"用途还有很多呢。

　　日本人还会用手帕做什么？以下我列举一些：

● 用手帕包装体积小的礼物。

● 在闷热的夏天用来擦汗。

● 吃饭时身上溅了汤汁或番茄酱，你可以把手帕沾上水或肥皂，马上擦掉污渍。

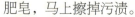

　　● 擦鼻涕。

　　● 天冷或刮风的时候，把手帕围在脖子里防寒。

　　● 万一胳膊、腿或脚上受伤了，可以用手帕做急救——擦干净伤口，包扎起来，止血。

- 扎在额头上，防止汗水滴落。
- 如果椅子或地板不干净，可以用手帕垫着坐。
- 在桌前或长椅上吃午饭时，可以当餐巾。
- 放在正装口袋里做装饰。

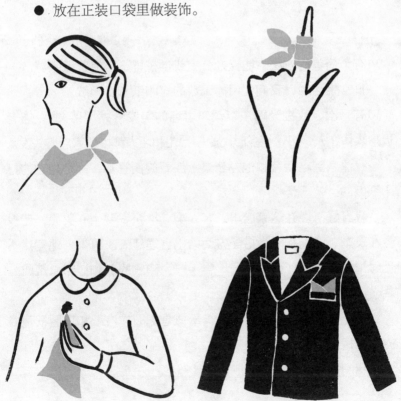

节约用纸

有个简单的方法，能让办公室或学校里不再浪费纸张。

日常生活中，我们要用掉无数的打印纸和复印纸。

有一次，我去光顾东京银座著名的美发沙龙"菊丸"。店老板是媒体红人，日本很多时尚的模特儿和名人都去那家店剪头发。

我注意到电话旁和他办公桌上放着的便签本，都是用过的打印纸做的。

我真好奇。在这家店里，客人剪一次头发要 150 美元，老板会在发型、洗护和时尚搭配方面给出合理建议。可是，他竟然不用时髦的便签纸，而是把旧广告（一面印刷的）和打印纸裁成方块当便签纸用。

他让我想起了我的祖母。祖母总是把旧广告纸和日历纸裁成便签纸用。

我问他为什么？这问题可真傻呀。

他答道："如果人人都能节约用纸，最后肯定能挽救不少树木。便签用完之后，就放到回收垃圾桶里。"

在绿色生活方面，他真是个有心人。

扇底清风

许多有用的旧传统已经被人们遗忘了。

扇子（折扇或团扇）是用来扇风乘凉的。天气很热的时候，快速摇动的扇子令空气流动加快，因而加速了汗水的蒸发，人就会感觉凉爽。

折扇打开来像个半圆，轻薄的扇面粘合在扇骨上，不用的时候可以合起来，一点不占地方。你可以把它放进包包里随身携带。

乘坐公共交通工具的时候，或是在办公室和学校，任何你没法控制温度的地方都可以用扇子。旁人置身闷热环境中时，你却可以拥有阵阵清凉。

带个扇子很简单，而且无需用电。

这是你能够控制的清风呀。

多么简单！

穿五趾袜子

上班或上学时，你的脚丫要套着袜子，塞在紧紧的鞋子里，长达数个小时。

我儿子在日本工作时，就穿着五趾袜子去上班。第一次见到这东西的时候我大感新奇。以前我从没见过这种样式，后来我才知道，自从 1981 年一家日本公司开始销售这种袜子，它就在日本流行起来了。

五趾袜子对人有很多好处：

● 五趾袜能够均匀地支撑整个身体的重量，因此你可以站得笔直挺拔。做运动或干体力活的时候很适合穿这种袜子。

● 如果 5 根脚趾能够自由活动，血流就会更加通畅，大脑也会更加活跃。

● 5 根脚趾都能抓牢地面的话，你的体态会变得更健美。

● 每根脚趾都被舒适的纤维包裹着，脚趾和脚掌暖和了，整个身体也会暖和起来。

● 第二根和第三根脚趾之间有个穴位，连通着肠胃，刺激这个穴位对消化有好处。

● 穿这种袜子不会有脚气，因为脚趾之间被袜子隔开，不会再有真菌。

就连美国职棒大联盟的松井秀喜（Hideki Matsui）和冈岛秀树（Hideki Okajima）都穿五趾袜哟。

清凉商务与温暖商务

2005 年夏天，时任日本环境大臣的小池百合子发起了"清凉办公"（CoolBiz）运动。这项举措旨在通过限制空调温度来节约工作场所的电力。一直到 9 月份，空调都被设定在 28℃。时任日本首相的小泉纯一郎也作为表率开始穿短袖衬衫，不穿西装也不打领带。"清凉办公"也建议员工把衣领上浆（比较挺括），穿面料透气的裤子。

许多政府职员说，与私营企业的人会面时，不打领带会觉得自己很不得体，没有礼貌。他们能接受不穿西装不打领带吗？几年过去了，人人都穿着清凉商务装，身上没那么汗津津的，炎热带来的疲惫感也减少了，大家渐渐适应了不穿正装上班，感觉从容了很多。

2005 年冬天，各大新闻媒体开始推行"暖装运动"。办公室内的温度设定在 20～22℃。这个温度稍微有点冷。发起者建议

大家穿高领衣服，而不是衬衫领带。"暖装运动"并不是日本政府发起的，但人们也开始穿着更暖和的衣物上班了，借此节省能源。

因此，如果调整着装风格能节省能源的话，自然而然地，咱们珍贵的资源——石油、天然气、煤炭——都能节省下来。这是个全世界都适用的做法。英国工会和美国国会也在 2006 年夏天开始推行自己的清凉商务运动。

自带筷子

　　去餐馆吃饭、上班上学或出门旅行时，自带一双筷子吧！对于美国人来说，就自带刀叉。

　　自带筷子运动已经在日本推行多年了。日本人每年用掉的一次性筷子多达 257 亿双。平均每人每年要用掉 200 双。如果每人都自带筷子，那我们能拯救很多很多树木。

　　这只是挽救森林的一个小例子。做起来并不难，实际上还很有趣呢。你可以挑选上乘的布料、喜欢的色彩和设计，拥有一个

专属于自己的漂亮筷子套。

自带筷子越来越流行了。

如果你喜欢用叉子，尽管带好了。起码你知道自己带的很干净，吃起东西来也更安全放心些。

如果你想体验亚洲美食，带着自己的筷子到中餐馆或日式餐馆吧。长远来看，你和他人的这种有意识的行为，肯定能为珍贵森林资源的保护尽一己之力。

第十章

绿色理财

2008 年感恩节后，我看到一则关于"黑色星期五"（美国感恩节后的血拼日，也是圣诞购物季的开始。——译者注）的新闻报道。

记者说道："今年由于经济萧条的影响，有些零售商家的销售额下滑了 25%，但美国的许多亚裔家庭很可能比其他家庭花钱多。为什么？因为他们的省钱之道很不一样。"

这个评论真有意思。

经济合作与发展组织（Organization for Economic Co-operation and Development）的统计数据显示，2007 年美国家庭平均把存款的 12.9% 存入现金账户，30.4% 用于购买股票，而日本家庭把存款的 50.1% 放入现金账户，12.2% 买了股票。

从这个数据上可以看出，2008 年金融风暴来临之后，股民损失了大笔资产。低迷的经济对现金储蓄充足的人影响更小些。

糟糕的经济状况也给负债太多的人好好上了一课。

没有人愿意受金钱和债务的控制，能自由地掌控金钱的感觉是人人向往的。

或许应该做做预算了。预算让你知道钱都花到哪儿去了，也能帮你存下钱来。

"绿茶禅"里的理财之道，或许能帮你偿清债务，积蓄对抗金融危机的力量。

有现金再花，别用信用卡

搬到美国之后，我发现日本人和美国人在用钱方式上有着巨大差异。

据我观察，美国人外出好像不怎么带现金，钱包里连 10 美元都没有。我经常看见别人拿信用卡买快餐。

日本人的钱包里起码会装 100~200 美金左右的钱。去餐馆、商店、看电影的时候都付现金。一般来说，低于 100 美元的消费都是用现金结账的。

使用现金有很多好处：

● 管理现金很容易，看一眼钱包就知道你还能花多少。

● 如果你用现金，立马就能意识到刚买的商品或服务价值几何。

● 避免增加债务，没有钱就别花。

　　用现金有种约束感，你能管住自己，可信用卡容易导致冲动消费，买下不必要的东西。很可能脑子一热，信用卡账单上就多了 5000 美元啦。

分门别类，预留花销

每到发薪水的日子，母亲就到银行去，除了自动扣除的花费之外，她把余钱全部提成现金。

到了家，她把现金清点一番，然后按照出处分门别类地用信封装好：学费、食品、日用、保险、订报纸等。

每个信封里都放好之后，她就知道有多少余钱可以存起来，或是作为娱乐开销。

每个月的分配方式都不一样，就看当月家里有什么计划。

很久以前她就这样做了，那时我还是婴儿呢。所以家里的开销总能控制在预算之内，不会超出收入。

母亲很容易就能知道钱花在了什么地方，也总能记得留出一部分存起来。

父亲失业之后，我们家也有过一段艰难日子，可多亏了家里有存款，我甚至都没有意识到父亲丢了工作。过了很多年，直到我生下大儿子之后，母亲才告诉我这件事。

她未雨绸缪，让全家安然渡过了困境。

如今，我也按自己的方式做着同样的事。首先，我们的薪水直接打入银行账户，需要付账单的时候，我就从网上把钱转入相应的活期账户。我只需确保每个月至少存下收入的 10% 就好了。

这就是我的"现代"方法，可实际上，这跟母亲年复一年用下来的"现金加信封"没什么两样，只不过是电子化了而已。

每月饭钱有定额

　　节省家里的开支，有多少种方法？

　　水电煤气、电话费……即便你费了很大劲儿，这些花销也很难缩减，就算省，也省不下多少钱。

　　但有一项花销的确可以控制，那就是食品。如果你已经成家，就把家人的食品开支定下额度，比如每人每月 100 美元。（当然了，这是个粗略估算，而且随着物价攀升，需要经常作出调整。）

　　如果你铁了心，要在食品开支上省钱，你会发现很多办法：

　　● 不要总是下馆子吃饭。

　　● 饿的时候别去买东西。

　　● 好好利用冰箱里的剩菜。

　　● 多吃菜，少吃肉，蔬菜更便宜也更健康。

　　● 想想办法，把今晚的剩菜加工成明天的午餐。

　　● 把超市的购物小票留下，做个购买记录。如果你有个定额，很容易就能找出哪里花超了。

10% 留给娱乐

生活需要平衡，赚钱和花钱同样需要平衡。想想看，把钱花在自己身上有多快乐吧。

娱乐开支，指的是花在放松、减压、让自己快乐等方面的钱。

健康的金钱观会带来幸福感。

当你愉快地享受金钱带来的好处的时候，你会心怀感激，并且充分懂得它的价值。

把收入的 10% 用在自己身上，效果跟存下 10% 是一样的。

如果你任由金钱掌控你，生活中的许多乐趣就没有了；可是，如果你能掌控金钱，就能生活得更主动。

要是金钱不能为生活增添美好，咱们辛辛苦苦工作又是为了什么呢？

10% 存起来

老话说，积少成多。

当我还是孩子的时候，每个月都会往存钱罐里存点钱。这种储蓄方式不会让人立即变有钱，可是，如果你有耐心，总有一天会收获惊喜的。

我从 8 岁开始存，一直存到 18 岁。其中有些来自节省下的零用钱，有些是打工挣来的。

我把这些钱存成定期存单。那些年的利率是 7%。母亲一向管理着父亲为数不多的薪水，她告诉我，想要集腋成裘，这是个安全又简便的法子。

她把 "72 法则" 讲给我听。这是个计算存款何时能翻倍的公式：用 72 除以利率就可以了。如果年利率是 10%，72 除以 10 就等于 7.2，也就是说你的存款在 7.2 年以后可以翻倍。如果利率是 7%，72 除以 7 等于 10.3，那么 10.3 年之后你的钱会翻一番。

　　我 19 岁那年第一次出了国。一个月内，我游览了英格兰、苏格兰和法国。旅费就是我从小攒下的钱。

　　就这样，我懂得了一个道理：时间的确能把钱变多。如果你有清晰的目标，而且它是值得的，那你就能耐心等待，等待财富积少成多。

　　把月薪的 10% 存起来，别看、别碰，甚至连数都不用数——只管存起来，只花余下的 90% 吧。

拿个罐子攒硬币

你有没有听说过"省一分就赚一分"？日本人也许会说"省一分，救一命"。

在家里四处看看，你会发现到处都有硬币：抽屉里、架子上、口袋里、车子里。

一天下来，衣袋和钱包里总有沉甸甸的硬币。

如果每天都把硬币放到罐子里的话，零钱肯定会越攒越多，你甚至都想不起来还有这笔钱。

半年左右，我们家的零钱罐里往往能攒下 85 美元。

这笔钱真的有用处呢，特别是哪天等现金急用时，或是为某个你想买的特殊物件存钱的时候。

压岁钱

新年那天，日本的大人会给孩子发压岁钱，我们把它叫做 otoshidama。在江户时代，有钱人家和大店铺会在新年里分发小袋装的米糕和钱，为来年讨个好彩头。钱装在鲜艳的小信封里（日语称作 pochibukuro），有点像中国的红包。这个风俗一直延续到今天。

一般来说，从婴儿到 20 岁以下的年轻人都能得到压岁钱。给多少要看家里的情况而定，也要看孩子的年纪，但同一个家庭里的孩子一般都拿得一样多，免得厚此薄彼。

这个风俗的用意是，即便是小孩子也有机会认识金钱的价值。孩子们能摸到钱，数一数，知道钱是怎么回事，懂得爱惜金钱。

孩子拿到了现金，父母可以给他或她讲讲这有多少钱，孩子也有机会考虑一下，是该把它花掉还是存起来。

我觉得，在喜庆日子里让小孩子拿到钱，是个好主意。

它象征着好运和繁荣。孩子们会把金钱跟快乐联系起来。

家庭账本

国内和全球的经济形势都不景气，还有畅销的东西吗？

2008 年冬天我回日本的时候，在书店里看到一则新闻报道说，目前最畅销的就是家庭记账簿。

听到这个消息，我想起了母亲。母亲这辈子一直坚持记账，把家里的花费都写在她自己的小本子上。

日本经济一飞冲天的时候，大家都不在意记账这回事了。

可最近，谨慎的理财风气又复苏了。大家都在努力把钱管理好，量入为出。

在书店里，我就发现了二三十种家用账本。

我挑了一个很简单的账本，很薄，附带一个塑料套，方便存放收据。

其实用不着买那种昂贵的，普通的记事本也一样用。

在账本上把家里的收入和所有支出都记下来：煤气水电、电话、保险、信用卡账单、食品等。还有，别忘了储蓄。

等你把钱一笔笔记清的时候，多半就能花得少，存得多啦。

把每月的支出画成图表

把花费一笔笔记清楚是个好办法，但你肯定还想多做点什么，改善家里的财务状况。

图表能够清晰地反映出理财结果。你可以对比每个月的结余，看看你的成绩是变好还是变糟了。

把杂项支出画成图表，比如水电煤气、手机费、长途电话费等。

如果你觉得花的太多，就给上述客户服务部门打个电话，听听他们的省钱建议。

看这种图表会很有趣，还能激励你制订出新的理财计划哦。

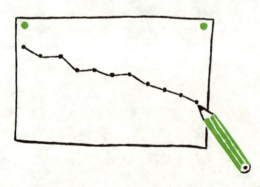

"信托"基金

你是不是真的很难存下钱？钱总是莫名其妙就没有了？

有时候，你需要找朋友帮个忙一起来存钱。

我第一次听说这种储蓄计划是在日本，后来我发现在美国也有人这样做。这个方法真的挺管用。

我把它称之为"信托"基金，你也可以叫它"集资"之类的，都行。打个比方说，你所在的单位里人不多，大概 10 人左右，或是你们公司挺大，部门里大约有 10 个人。你们可以试试在信任的基础上一起存钱。每人每周拿出 100 美元放入基金，每周末尾，某一个人就可以拿到 1000 美元。关键在于，无论你是第一个还是最后一个拿钱的，每周你都要往里存入 100 美元。就是这么简单。

这个办法能强迫你存钱。我觉得，这也是个巩固社团关系的好办法，能够促进大家的和谐关系，人人都从中得益。但是也要当心，信任关系也有可能会瓦解。选择参与人员时一定要小心谨慎，把规矩立清楚，全体成员都要签字同意。

保持健康就等于省钱

咱们都知道，健康是最重要的事，年纪越大，就越能体会到这一点。没错，金钱能买来健康。

富达投资（Fidelity Investments）的数据显示，即便你没有足够的退休储蓄，良好的健康状况也能帮你省下 21.5 万美元。他们通过调查研究发现，一对没有参加过员工医保、60 多岁的夫妇，到了 85 岁左右的时候，他们的医疗支出差不多就要达到这个数字了。

所以我说呀，一定要保持健康哟！每天喝绿茶，吃得更健康，舒缓压力，做做简单轻松的锻炼，不要乱花钱。比起买保险，生活中的 "绿茶禅" 对你的帮助或许更大呢。

附录
乐活资讯清单

　　想要了解更多信息，请访问作者网站，里面有很多关于"绿茶禅"的重要链接，www.greentealiving.com。

　　以下两个网站你可以买到日本绿茶（如果你所在的地方买不到或是想试试新品种的话），www.zencha.net，www.shizuokatea.com。

　　在以下网站里，你可以了解到跟本书内容相关的更多资讯，购买我提到的某些物品——

　　www.greentealovers.com/greenteausesrecipes.htm，用茶叶和茶汤做菜的食谱。

　　www.teanavigator.com，茶知识大全，包括茶器、食谱、健康资讯和简短的茶馆名单。

　　www.asianfoodgrocer.com，售卖豆腐、味噌、纳豆、魔芋和其他日式健康食品的网店。

　　www.daisojapan.com，各种各样日式生活"杂货"。

　　www.jbox.com/CTTR，这里面有许多日本商品，包括便当盒和一些相关配件。

www.jun-gifts.com/specialcollections/getasandals/getasandals.htm，
传统的日式木屐。

www.furoshiki.com，风吕敷 / 包袱皮，内有图解和建议用法。

www.tozzok.com，卖分趾袜。

乐活在中国

倡导绿色生活方式和消费理念的公益组织"北京有机农夫市
集"——

新浪博客：http://blog.sina.com.cn/farmersmarketbj，

新浪微博：@北京有机农夫市集（随时发布市集活动通知及各类
分享）。

致力于推动公众参与环境保护的非营利性的民间环保组织"自然
之友"——

官方网站：http://www.fon.org.cn/。

以实践与传播生态文明为宗旨的民间组织"北京地球村环境教育
中心"（简称"北京地球村"）——

官方网站：http://www.gvbchina.org.cn/index.html。

图书在版编目（CIP）数据

生活"绿茶禅" /（美）栢木利美著 ； 苏西译. —
杭州 : 浙江大学出版社，2012.12
　书名原文：Green Tea Living
　ISBN 978-7-308-10770-9

　Ⅰ. ①生… Ⅱ. ①栢… ②苏… Ⅲ. ①生活方式－通
俗读物 Ⅳ. ①C913.3-49

中国版本图书馆CIP数据核字(2012)第255108号

浙江省版权局著作权合同登记图字：11-2012-179。

生活"绿茶禅"

栢木利美　著　苏　西　译

策 划 者	蓝狮子财经出版中心
责任编辑	曲　静
出版发行	浙江大学出版社
	（杭州天目山路148号　　邮政编码　310007）
	（网址：http://www.zjupress.com）
排　　版	杭州林智广告有限公司
印　　刷	浙江印刷集团有限公司
开　　本	880mm×1230mm　1/32
印　　张	7.625
字　　数	137千
版 印 次	2012年12月第1版　2012年12月第1次印刷
书　　号	ISBN 978-7-308-10770-9
定　　价	29.80 元

版权所有　翻印必究　　印装差错　负责调换
浙江大学出版社发行部邮购电话　（0571）88925591